Paulo Cesar Sandler

Clássicos do Brasil

GOL

EDITORA
ALAÚDE

Copyright © 2012 Paulo Cesar Sandler.

Copyright desta edição © 2013 Alaúde Editorial Ltda.

Todos os direitos reservados. Nenhuma parte deste livro poderá ser reproduzida, de forma alguma, sem a permissão formal por escrito da editora e do autor, exceto as citações incorporadas em artigos de crítica ou resenhas.

O texto deste livro foi fixado conforme o acordo ortográfico vigente no Brasil desde 1º de janeiro de 2009.

PRODUÇÃO EDITORIAL:
Editora Alaúde

PREPARAÇÃO:
Leandro Rego Morita

REVISÃO:
Marina Bernard, Bárbara Prince

CONSULTORIA TÉCNICA:
Bob Sharp

IMAGEM DE CAPA:
Marcelo Resende e Bira Prado

IMPRESSÃO E ACABAMENTO:
Ipsis Gráfica e Editora S/A

1ª edição, 2013 (1 reimpressão)

Dados Internacionais de Catalogação na Publicação (CIP)
(Câmara Brasileira do Livro, SP, Brasil)

Sandler, Paulo Cesar
Gol / Paulo Cesar Sandler. 1. ed. São Paulo: Alaúde Editorial, 2013. (Série Clássicos do Brasil)

Bibliografia.

ISBN 978-85-7881-177-8

1. Automobilismo - História 2. Automóveis - Brasil 3. Gol (Automóveis) 4. Gol (Automóveis) - História I. Título. II. Série.

13-00409   CDD-629.22209

Índices para catálogo sistemático:
1. Gol: Automóveis: Tecnologia: História 629.22209

2018
Alaúde Editorial Ltda.
Avenida Paulista, 1337
conjunto 11, Bela Vista
São Paulo, SP, 01311-200
Tel.: (11) 5572-9474
www.alaude.com.br

Compartilhe a sua opinião
sobre este livro usando a hashtag
#ClássicosDoBrasil
#ClássicosDoBrasilGol
nas nossas redes sociais:

/EditoraAlaude

/EditoraAlaude

/AlaudeEditora

SUMÁRIO

CAPÍTULO 1 – A origem 5

CAPÍTULO 2 – A evolução dos modelos 55

CAPÍTULO 3 – Curiosidades 99

CAPÍTULO 4 – Dados técnicos 103

Fontes de consulta 106

Crédito das imagens.. 107

CAPÍTULO 1

A ORIGEM

UM POUCO DE HISTÓRIA

Na história do futebol e da Volkswagen do Brasil, houve sempre lugar para quem se dispusesse a suar a camisa. Craques em estilo, habilidade e técnica como Tostão, Pelé e Rivellino poderiam ser comparados aos eficientes e criativos estilistas e engenheiros Márcio Piancastelli, José Vicente Novita Martins (Jota), George Yamashita Oba, Guenter Karl Hix, Cláudio Menta, Antônio Ferreira de Souza Filho, Philipp Schmidt, Otto Hoehne, Hans-Uwe Kroeger, Sérgio Couto, Wilhelm Schmiemann, Paulo Ivány e outros. Bons treinadores e cartolas como Zagallo e Vicente Feola seriam comparáveis às equipes de pós-venda, marketing, imprensa e direção geral das quais fizeram parte Friedrich Wilhelm Schultz-Wenk, Rudolf Leiding, Werner Paul Schmidt, Wolfgang Sauer e Frank Dieter Pflaumer. Todos eles contribuíram, à sua maneira e com recursos limitados, para a produção do automóvel mais bem-sucedido da indústria nacional, parcialmente desenhado no Brasil – até hoje, algo único. Seu nome, mais do que adequado: Gol.

A primeira série, equipada com motor Fusca de 1,3 litro, engasgou. Depois veio o 1,6, que logo se tornou campeão de vendas; numa época irreverente, em que eram usados carburadores, foi chamado de "treme-treme", porque era difícil mantê-lo bem regulado. Três anos depois, transformou-se em um rojão, bem fornido com o motor MD-270 arrefecido por líquido que já equipava o Passat.

Equipe de engenheiros da Volkswagen no ano de 1975, em caricatura feita por José Vicente Novita Martins. Da esquerda para a direita: Hix, Cshaske, Schmiemann, Menta, Münchenberg e Böhlen.

Gol a ar 1980.

Talvez mera coincidência, o desenho do carro lembrava as traves de um gol e era quase tão robusto como havia sido o de seu "pai", o Fusca. Para substituir o estilo *flamboyant*, anos 1920-1940, que Harley Earl e Figoni-Falaschi desenvolviam para a General Motors e para os carros franceses, a inspiração parece ter vindo dos Estados Unidos e da Inglaterra pós-Segunda Guerra Mundial.

Estilistas da Mulliner & Park-Ward desenharam o Rolls-Royce Silver Wraith e o Triumph Mayflower de 1950 sob influência do estilo *ponton* dos Studebaker e dos Kaiser de 1946 e 1947. Os modelos ostentavam linhas retas, englobando antigos para-lamas ressaltados. Em meados dos anos 1970, a evolução do estilo foi a cunha ou *wedge*, repleto de elementos trapezoidais e cantos vivos.

Grandes expoentes italianos aderiram, desenvolvendo projetos para Bertone, Pininfarina, Frua, Michelotti e, principalmente, para a Italdesign, de Giorgetto Giugiaro.

Acompanhando essa tendência e estimulados pela amizade que mantinham com Giugiaro, Piancastelli, Jota e Oba desenharam o Gol. O resultado foi o indiscutível clássico do Brasil, o único carro de família com motor de Fusca montado

Gol Bolinha 1994.

O Gol geração III (2003).

na dianteira produzido em grande série no mundo.

Depois de catorze anos, o brasileiro se cansou do estilo *wedge*. A segunda série, por contraste, ficou conhecida como "Gol Bolinha" – oficialmente, era Gol série II ou Geração II. Parte dos compradores, porém, ainda preferia um carro maduro, com mais área envidraçada, e arremataram o Gol quadrado.

O Gol marcou o que pode ter sido o maior tento da publicidade automobilística nacional, e uma bênção para a Volkswagen do Brasil, um tanto mal-acostumada na posição de marca corporativa quase imbatível. O nome foi muito ajudado pela excelente qualidade do produto: o real substituto do Fusca no mercado brasileiro – e também o carro mais exportado da indústria nacional.

ENGENHARIA

Roberto de Oliveira Campos, diplomata, político e economista, integrante essencial do Grupo Executivo da Indústria Automobilística (Geia), comandado pelo almirante Lúcio Meira, implantou um regime favorável a investidores estrangeiros.

No âmbito da indústria automobilística, colaborou involuntariamente no processo de desbrasileirização, pois o processo de industrialização tinha apenas oito anos. Drenadas financeiramente pela inflação, desorganizadas administrativamente e em situação econômica lamentável, as empre-

A origem

sas brasileiras do setor eram acusadas por representantes da esquerda de serem um depósito de produtos ultrapassados da matriz estrangeira. Isso ocorreu, mas apenas nas indústrias que nasceram subcapitalizadas e precisavam comprar projetos em liquidação a fim de obter maior lucro. Eram interesses de empresários nacionais mancomunados com pessoas do governo, que decidiram fabricar produtos obsoletos – e não imposição estrangeira. Roberto Campos, trabalhando no Geia, alertara contra esses perigos – dramáticos na Simca e na Fábrica Nacional de Motores. A primeira fazia um carro de mecânica obsoleta, invendável na matriz francesa, escolhido por capricho do presidente Juscelino Kubitschek. A FNM, conhecida como "cabide de empregos", substituiu critérios que deveriam ser técnico-administrativos por interesses políticos: receita para corrupção financeira.

A também subcapitalizada Vemag S.A. – Veículos e Máquinas Agrícolas, criada por Domingos Alonso Fernandes, que tinha experiência de oito anos com importação e montagem de veículos em esquema CKD – juntou-se à Auto Union, que não tinha capital. A empresa diferenciava-se da Simca e da FNM, pois demandava proficiência técnica como condição para vender seus projetos. Fernandes garantiu a equipe experimental de engenharia e de testes, buscando um diretor técnico e de compras na Ford: o engenheiro Paulo Ivány, que trouxe consigo o engenheiro aeronáutico holandês Antoni Gerardus Balder, que cuidaria de motores, chassis e transmissão.

A Willys-Overland possuía pequeno capital externo para um *start-up*, mas a indústria automobilística ficava mais complexa, por mudanças no gosto do comprador, avanços tecnológicos e preocupações com poluição ambiental e segurança. Virou um

À esquerda: instalações físicas e recursos humanos da Vemag: alvo natural da necessidade da Volkswagen do Brasil. À direita: usinagem de motor na Vemag, em 1960: os blocos eram fundidos localmente desde 1956.

reservatório de exigências, demandando aportes crescentes de capital.

A única saída para a indústria automobilística no Brasil empobrecido de 1965 era a consolidação e a desnacionalização. Para a Volkswagen do Brasil, englobar a Vemag era óbvio: a Volkswagenwerk alemã acabara de comprar a Auto Union.

O início da engenharia na Vemag pode ter ocorrido com a criação de blocos de motor fundidos para o DKW em 1956, marcando a empresa como pioneira na tropicalização do produto. A adaptação ao clima, possibilitada por uma verdadeira engenharia de produto, era essencial. O DKW não havia sido projetado para as condições brasileiras e foi necessário modificar especificações em muitas peças e outros aspectos mecânicos que comprometiam a confiabilidade e a utilidade real do carro. Some-se a isso a imposição do Geia do percentil de uso de peças fabricadas no Brasil: o almirante Lúcio Meira obteve liberdade em exigir orientações técnicas, sem submissão ao tradicional troca-troca dos políticos profissionais.

Observadores de formação diversa, unidos na seriedade histórica, como os professores Roberto Campos e Celso Lafer, o funcionário público Sydney Latini, os empresários Rami Gattaz e José Mindlin, entre outros, publicaram resultados semelhantes a respeito dos trabalhos do Geia. Todos eles fizeram parte do movimento de implantação da indústria automobilística; o doutor Horácio Lafer, tio de Celso, foi o principal impulsionador do Geia e de seu ancestral no segundo governo Vargas, a Subcomissão de Jipes, Tratores e Caminhões, também liderada por Lúcio Meira. O presidente Kubitschek vingava as tentativas frustradas do presidente Getúlio Vargas no que tange à industrialização do país.

A Volkswagen do Brasil e sua matriz tinham em comum a infinidade do setor de engenharia, que estava circunscrito ao setor de produção, com forte assistência alemã, e compunha um departamento de planejamento para ferramentaria – que demanda constante reprodução. Não havia engenharia de produto, mas adoração divina – em parte justificada – pelo projeto original do Fusca, que creditavam a Ferdinand Porsche.

José Fernandes, ex-proprietário da Vemag, o então presidente general Humberto de Alencar Castello Branco, Eta Schultz-Wenk e Friedrich Schultz-Wenk sacramentando a compra da Vemag, no IV Salão do Automóvel.

A origem

A Volkswagen tinha como trunfo um carro globalizado, algo difícil e raro – objetivo atual de todas as fábricas. Na Alemanha, ao adquirir a Auto Union, cujo maior acionista era a Daimler-Benz, a empresa estava mais interessada na instalação e nos espaços fabris moderníssimos em Ingolstadt. Sinceras preocupações trabalhistas do governo alemão e de Heinz Nordhoff, responsável pelo sucesso do Volkswagen Fusca no mundo inteiro, fizeram a empresa dar atenção à excepcional equipe de engenharia chefiada pelo doutor Ludwig Kraus, que havia trabalhado na Daimler-Benz nos trinta anos anteriores. No Brasil, adquiriu instalações problemáticas, sujeitas a inundações, e uma verdadeira equipe de engenharia. Quando uma companhia maior se junta a uma menor, a maior domina; no que tange à engenharia, a Volkswagen foi dominada pela equipe originada na Vemag.

Tanto na Alemanha como no Brasil, a Volkswagen precisava desesperadamente de espaço para fazer mais Fuscas.

O austero engenheiro Wilhelm Schmiemann, de formação técnica alemã, dirigia os técnicos de engenharia de produto. A Auto Union o contratou para o setor de transmissões; logo depois, desenvolveu com a Bosch o Lubrimat, sistema de lubrificação automática do DKW. Entrou na Vemag depois do engenheiro Menta, aceitando o convite para trabalhar como assistente de Paulo Ivány. Pouco depois assumiu a chefia do setor, posto que manteve mesmo após a venda para a Volkswagen do Brasil. A condição traumática da aquisição incrementou dificuldades peculiares: o número de engenheiros da Volkswagen do Brasil diminuiu e a mão de obra era menos experiente; o setor foi localizado na ex-Vemag, agora Fábrica 2. Quem fazia o DKW tinha orgulho de suas aquisições, segundo o engenheiro Menta: "A Vemag tinha uma engenharia com mais experiência, pelo fato de ter começado antes. Jovens estagiários da Volkswagen começaram no setor de testes de veículos, motores e transmissão, como os engenheiros Antônio Ferreira de Souza Filho e Geraldo Negri Rangel". Mais do que nenhum outro, Schmiemann integrou as duas equipes desiguais, formando a primeira geração de técnicos brasileiros da Volkswagen do Brasil.

DKW e Fusca: dois carros duráveis, que podem ser vistos até hoje nas ruas brasileiras.

O engenheiro Wilhelm Schmiemann, em 1974.

DEPARTAMENTO DE ESTILO

À medida que se valorizou financeiramente o profissional hoje chamado de designer ou estilista, as fabricantes de automóveis, assim como as de alta-costura, joias e móveis, passaram a impor contratos de emprego com cláusulas que os proíbem de publicar seu nome. Os ganhos financeiros vindos da fama entre o público revertem unicamente para as empresas comerciais que mantêm departamentos de estilo interno, para os proprietários de estúdios de design ou para as pessoas escolhidas para executarem o papel de estilista sem sê-lo, segundo critérios variáveis pelos proprietários – geralmente por prestígio social ou visibilidade na mídia. Luigi Segre tornou-se dono da Ghia, mas nunca desenhou um carro. O mesmo ocorreu com Nuccio Bertone, cujas maiores "obras" foram feitas por Giugiaro. Nos EUA, o fato se repetiu com os escritórios de Raymond Loewy e George Walker. Mario Boano e Franco Scaglione, grandes estilistas, jamais foram donos de estúdios de estilo. Alguns designers têm obra reconhecida ao adquirir fama pessoal. Ou quando as empresas deixam de operar. Em casos raríssimos, abrem o próprio negócio: artesanato e espírito empresarial nem sempre andam juntos. Giuseppe Pininfarina, Sergio Scaglietti, Pietro Frua, Elio Zagato e Giugiaro conseguiram reunir os dois.

No caso da Volkswagen do Brasil, a preocupação com o estilo surgiu através de duas pessoas: Harald Uller Gessner e seu braço direito, Georg Maisch. Encabeçavam a Karmann-Ghia do Brasil desde seu nascimento, em 1960 – e lá se mantiveram até o arrendamento da empresa pela Ford, inclusive no seu operariado, para a construção do Land Rover. Hoje, a Karmann-Ghia voltou a ser brasileira, pela *holding* Grupo Brasil, da família Lima e sócios – que continuam mantendo parte do operariado original! Em entrevista ao autor, Maisch comentou, de modo filosófico: "Se você quiser um belo cabelo, tem que procurar um barbeiro italiano. Se você quiser uma bela roupa, tem que procurar um alfaiate italiano. E se quiser um belo carro, quem vai procurar? Um desenhista italiano. Foi isso que Wilhelm Karmann fez, procurou a Ghia!" O entre-

O designer Márcio Piancastelli.

A origem

vistador acrescentou: "E também foi isso que o senhor Gessner fez, procurou Márcio Piancastelli..."

Piancastelli, mineiro de Belo Horizonte, bom desenhista e autodidata em desenho industrial, determinou sua profissão a partir de uma experiência de infância: "Eu me extasiava com os mínimos detalhes das imagens nas revistas americanas, cheias de anúncios com ilustrações e fotos de carros maravilhosos da década de 1940". Em 1962, graças à iniciativa de outro italiano, Victor Civita, que trouxera publicações pioneiras para nosso país, conseguiu uma oportunidade: o segundo lugar no Prêmio Lúcio Meira, instituído pela revista *Quatro Rodas*. Seu projeto se chamava Itapuã.

"Meu pai não queria que eu levasse aquele toco de pau... Eu nunca tinha feito nenhuma maquete, mas meus amigos me incentivaram a participar. Esse segundo lugar foi um golpe de sorte. Estava lá o senhor Luigi Segre, pessoa generosa. Ficou acompanhando toda a premiação. Olhou as maquetes de cabo a rabo. Tinha um irmão em São Paulo, homem boníssimo também. Segre ficou louco pelo Brasil. Além de passagens e convite, providenciou verba para uma bolsa", explica Piancastelli.

Dois anos na Ghia, 1963 e 1964, proporcionaram-lhe aprendizado e excelente ambiente: nostálgico, cita o engenheiro Sergio Sartorelli, estilista da Fiat; Tom Tjaarda, hoje um dos mais prestigiados es-

Piancastelli trabalhando em 1964.

tilistas de automóvel, responsável pelo De Tomaso Pantera e pelo Fiat 124 conversível, entre outros; e Giugiaro, "que era autônomo na Ghia e o cérebro na Bertone... um gênio, sabe? Não se importava em ceder desenhos e ideias para os amigos".

Convidado para permanecer na Ghia, recusou – trinta anos antes da diáspora brasileira. A indústria italiana entrava em ciclo de decadência; o Brasil parecia ser "o país do futuro", ideia do romancista austríaco Stefan Zweig para Getúlio Vargas, que cedo a usou como refrão político.

Em 1967, a Ford adquiriu a Willys e herdou o departamento de estilo e a linha Renault; o maior concorrente da Volkswagen levava a melhor na classe de carros médios.

A ideia de Piancastelli comparada com o modelo a ser lançado em 1968.

Em novembro, Piancastelli foi contratado pela Willys. O estúdio era coordenado por Roberto M. Araújo, com assessoria do estilista americano Brooks Stevens, responsável pela Rural Willys. Ambos haviam feito o Aero-Willys 2600 e a partir de então fizeram os modelos Itamaraty, Capeta e Corcel, nome dado pelo publicitário Mauro Salles para o Projeto M, baseado do Renault R-12. Piancastelli colaborou no interior da linha Itamaraty e conferiu um ar italiano para a traseira da Belina, lembrando o Fiat 1500: resultado mais equilibrado daquele conseguido pela Renault. No dia 14 de julho de 1967, foi convidado para trabalhar na Volkswagen do Brasil, que dominava 51% do mercado.

Harald Gessner, empresário que nunca parava de ter ideias, pedira a Guenter Hix, através de Georg Maisch, um Karmann-Ghia conversível. Aproximou-se de Piancastelli – a Willys era cliente preferencial da Karmann-Ghia do Brasil – e pediu um desenho exclusivo. Em dois dias, implantou o grupo óptico de dese-

nho mais desejado da época: o farol quádruplo verticalizado do Mercedes-Benz. Tropeçou no custo: a Cibié brasileira não poderia produzi-lo no país.

O sucesso do Renault R-8 e R-10, sucessores do belo Dauphine desenhado por Mario Boano, despertou a Volkswagen alemã em relação ao EA 97, ambos iniciados em 1952. Parecido com o R-8, mais confortável, moderno e menos complicado do que o Tipo 3, série 1500, na construção da carroceria e no projeto do motor. Em 1963, a pré-série de duas portas já estava no estande do Salão de Frankfurt, incluindo a perua e o conversível. Na última hora, Heinz Nordhoff retirou-os da exibição. Lembrou-se que sequer podia atender a demanda sempre crescente pelo Fusca. O diretor de vendas, Carl H. Hahn, responsável pelo sucesso da Volkswagen nos EUA, teve a ideia de recambiar o carro para o Brasil, solução aceita entusiasticamente por Schultz-Wenk, presidente da Volkswagen do Brasil – sua vontade era chamar o carro de Brasília, registrando nomes de cidades brasileiras para carros da Volkswagen.

O departamento de estilo da Willys-Overland inspirou todas as fabricantes da época.

A origem

15

O primeiro projeto de engenharia de produto da Volkswagen do Brasil foi feito pelo engenheiro Menta, que assumiu a coordenação do nascente departamento de design da Volkswagen do Brasil. Em trabalho conjunto com a Karmann-Ghia, fez o desenho das portas traseiras do 1600: o primeiro Volkswagen de quatro portas na história mundial da empresa.

A verdadeira história do Fusca no Brasil confunde-se parcialmente com a história de Friedrich W. Schultz-Wenk e a de Miguel Etchenique e sua empresa, a Brasmotor. Ao fim da Segunda Guerra Mundial, Schultz-Wenk conseguiu sair da Alemanha por meio de um amigo a quem havia ajudado. Esse amigo era Heinrich Nordhoff, na época diretor-geral da Volkswagen, que usou sua influência para colocar Schultz-Wenk no posto de representante da empresa e da Porsche no Brasil. Fez sociedade com Adolf Arnstein, um alemão de origem judaica, para a fabricação de brocas e importação de locomotivas. Por intermédio de Charles C. Thomas, da Chrysler, conheceu Miguel Etchenique, da Brasmotor, iniciando com ele a importação e montagem de veículos Volkswagen em esquema CKD, em São Paulo. Em 1952, criou a primeira revenda Volkswagen no Rio de Janeiro, com Arnstein e Nordhoff, a Rio Motor. Em 1953, fundou a Volkswagen do Brasil. Fazia os melhores carros para o Brasil; de tal modo identificado com o Fusca, com a Kombi e com seus pares através do mundo, era chamado de "senhor Volkswagen". Talvez ficasse feliz se pudesse saber que seus sucessores criaram o sucessor do Fusca no Terceiro Mundo: o Gol.

O Volkswagen 1600 foi apelidado de "Zé do Caixão", mas quase se chamou Brasília. Produzido durante três anos e trucidado em vendas pelo Ford Corcel, obteve relativa popularidade como táxi nas ruas da cidade do Rio de Janeiro.

Acima: Rio-Motor, primeira concessionária Volkswagen na cidade maravilhosa. Da esquerda para a direita: Adolf Arnstein, o gerente técnico Harald Uller Gessner e Friedrich Wilhelm Schultz-Wenk. Abaixo: o chefe da Subcomissão de Jipes, Caminhões e Tratores, almirante Lúcio Meira, e o então presidente Getúlio Vargas, junto a Schultz-Wenk, examinam o chassi Volkswagen em 1952.

GESTÃO LEIDING

Rudolf Leiding.

Mitteldruckmotor: o primeiro motor Kraus, de alto desempenho.

Audi 60, em 1964: Eng. Leiding e Dr. Kraus – um "pequeno Mercedes" substitui o DKW F102, determinando o futuro da Volkswagen.

Enquanto Schultz-Wenk fundava a Volkswagen no Brasil, um jovem aprendiz, protegido de Nordhoff, fazia estágio nos Estados Unidos: Rudolf Leiding. Em 1963, foi encarregado de uma tarefa ingrata: substituir a produção do DKW pela montagem do Fusca em Ingolstadt. Bem-sucedido, foi indicado para dirigir a Audi, antiga subsidiária da Auto Union, ressuscitada para substituir a defunta DKW.

Com formação de técnico mecânico na Volkswagen dos EUA, Frank Dieter Pflaumer voltou ao Brasil em 1961 já veterano no serviço de assistência às concessionárias e em pós-vendas – a menina dos olhos da Volkswagen daqueles tempos. Na época a necessidade de um setor de engenharia era urgente.

Leiding se deu bem com Harald Gessner, que se dava bem com todo mundo, e a Karmann-Ghia do Brasil continuou a fazer toda a ferramentaria da Volkswagen. Os dois tinham preocupações semelhantes quanto a um setor de estilo. Piancastelli relata:

1967 foi um ano maravilhoso para mim. Fui trabalhar na engenharia de carrocerias, escondido entre os projetistas. O presidente da fábrica, Friedrich Schultz-Wenk, nem podia imaginar que entre os engenheiros havia alguém que fosse contratado para estudar modificações na forma do Volkswagen. Estudei novas cores e materiais para revestimentos e detalhes de acabamento. Logo começamos a mexer no Karmann-Ghia. Nesse período não podíamos fazer muito, mas com o falecimento de Schultz-Wenk assumiu o senhor Rudolf Leiding, competente engenheiro mecânico. Exigente, impôs uma nova conduta. Havia algo meio provinciano na direção da fábrica. Ficou muito temido pelos antigos diretores. A fábrica começou a produzir mais: a linha 1600, o Zé do Caixão, a Variant, que em 1969 gerou a nossa primeira "cria", o TL. Consegui um bom modelador da Willys, Sidney Favero, para confeccionar maquetes. E também estagiários para me ajudar nas novas tarefas: José Vicente Novita Martins, e um jovem talentoso desenhista, George Yamashita Oba. No final de 1969, apresentamos o Volkswagen

A origem

17

1600 TL; Leiding, admirado com nossa rapidez e qualidade, premiou-nos com uma expressiva quantidade em dinheiro, entregando pessoalmente os cheques. Começava uma nova era na Volkswagen.

Cláudio Menta comenta que Oba era um projetista; os outros dois, designers... Novita Martins era o mais animado; Piancastelli, o mais comedido; Oba costumava colocar os dois com o pé no chão.

O desejo de Leiding por novos carros e sua fascinação pelo luxo, que adquiriu durante os anos nos EUA, levou ao Volkswagen 1600L, com pintura bicolor, bancos em couro creme e rádio Blaupunkt. O modelo foi o terceiro fracasso mercadológico da Volkswagen, antecedido pelo fracasso do Pé de Boi e pelo do Karmann-Ghia conversível, de menor monta – hoje o clássico fabricado no Brasil mais valorizado. Depois resolveu trazer a Variant, equipada com motor "mala", ou de construção plana, de ventoinha horizontalizada atrás do bloco, de dois carburadores. A perua, mais aceita do que o sedã Tipo 3 no exterior, poderia ajudar no naufrágio iminente do 1600?

Leiding aumentou a produção do carro que dominava 48% do mercado brasileiro com a ajuda do diretor de produção Eckhoff e do perito veterano Otto Hoehne, que continuava monitorando o que se fazia no país. Em 1969, atingiu a meta estabelecida por Nordhoff para fevereiro de 1967: seiscentos carros por dia. Também aumentou a exportação, criando atrito com o sucessor de Nordhoff, Kurt Lotz, que não podia destinar recursos para

Piancastelli dotou os primeiros modelos do Zé do Caixão e da Variant com faróis retangulares, tornando-os menos semelhantes aos Renault R8 e R10.

À esquerda: Volkswagen 1600L, esperança de Leiding – que pouco entendia do mercado brasileiro e não ouvia ninguém: insucesso instantâneo apesar da boa construção. À direita: em 1970, os faróis do 1600 tornaram-se duplos, vindos dos enormes estoques da Vemag, cuja fabricação terminara em 1967.

À direita: seria este o melhor substituto do Fusca? Hatchback dois-volumes, motor central, arrefecido a água projetado por uma equipe da Porsche, sob responsabilidade de Ferdinand Piëch (acima).

o Brasil. A imprensa internacional criou um trocadilho: "Lotz of trouble [muitos problemas]". Lotz herdara uma empresa gigantesca, presa ao passado, com acionistas irados – inclusive os governos federal da Alemanha Ocidental e estadual da Baixa Saxônia. Garantiu o lançamento do Volkswagen-Porsche 914 e do Volkswagen 411, da época Nordhoff, com mais espaço, desempenho e conforto. Esteticamente, foi um desastre, mesmo desenhado por Pininfarina; como o Tipo 3, não estava em sintonia com as demandas do mercado, que preteria qualidade por moda e obsolescência planejada. Atordoado pela busca por um sucessor do Fusca, Lotz autorizou que o engenheiro Ferdinand Piëch, neto de Ferdinand Porsche, prosseguisse com o EA 266: um Fusca redivivo equipado com motor traseiro-central arrefecido a líquido, sob o banco de trás. Como o avô, Piëch não se preocupava com custos.

Fábrica da Volkswagen em São Bernardo do Campo, SP.

A FAMÍLIA

Analogicamente, os "pais" do Gol foram os conhecidos Fusca e Brasília. A Volkswagen do Brasil estava na marca de um pênalti. As equipes de estilo e engenharia podiam dar um único chute. Se não desse certo, a história da Volkswagen, tanto no Brasil quanto na Alemanha, sufocada por dívidas, teria sido outra.

A primeira ideia do Projeto X – esportivo para Leiding foi lentamente evoluindo até chegar ao SP1 e ao SP2.

Em setembro de 1967, Leiding fez sua visita de inspeção matinal à Fábrica 2. Entusiasmado com o 1600 TL de Piancastelli, pediu: "Pode estudar um veículo esportivo sobre a plataforma Variant?". Os três estilistas elaboraram urgentemente um desenho a partir de um carro que "virava a cabeça" de todo mundo: o Jaguar E-type cupê, de 1961. O "tio" do Gol estava nascendo. A turbulenta história do SP marcou a única vez em que uma fábrica brasileira construiu um carro de luxo para uso privado de um diretor. A frente do SP, inspirada na do Corvair, era mais comedida e sutil, com menor ângulo de ataque no "nariz".

Logo aplicada ao Brasília e à linha 1600, ao Variant II e ao 412 alemão, foi a primeira linha corporativa da Volkswagen. Chamada de "frente Leiding", foi desenhada por Piancastelli, Jota e Oba.

Dias depois, Leiding andou no imenso e confortável LTD 1970 de Georg Maisch. Ao sair do carro, marcou uma reunião urgente com Paulo Ivány e Cláudio Menta, convocando o nascente departamento de estilo sem consultar os engenheiros, causando surpresa e até constrangimento. Por causa do projeto do carro esportivo, mantinha relacionamento mais favorável com os estilistas – que faziam tudo escondidos do severo senhor Schmiemann. Risco limitado – tinham a confiança do chefão, que, gesticulando apressado, disse: "É urgente fazermos um carro mais espaçoso sobre a plataforma do Variant. Vocês precisam usá-la para o maior número possível de carros". Gostando de desenhar, Leiding esboçou a silhueta do Fusca sob uma

À esquerda: o orgulho de Nordhoff: fracasso no mercado, quase resgatado com a frente idealizada por Piancastelli-Oba-Jota, no 412. À direita: as primeiras ideias mostraram-se incompatíveis com as condições de engenharia de então, prenunciando o estilo "botinha ortopédica" de um volume que só viria no século XXI, usado no Volkswagen Fox e no Honda Fit.

espécie de caixa dupla, ressaltada em vermelho, com a traseira em canto reto: "Quero que vocês façam um pequeno grande automóvel, muito espaçoso, largo, em que os ocupantes se sintam como se estivessem num Ford Galaxie!"

BRASÍLIA

O carro espaçoso excitou os estilistas: algo entre trinta ou quarenta modelos, em três meses. Guenter Hix, engenheiro coordenador da equipe de design auxiliado por Cláudio Menta, disse que "Ferdinand Porsche foi uma das poucas pessoas no mundo que podia partir de uma folha em branco, mas nós não podíamos. Fazer um projeto adaptado a outro que já existe é mais difícil". Como colocar o motor em um espaço mais exíguo? Tornar o espaço de bagagens totalmente plano? Seria preciso modificar o acesso à alavanca de mudanças; ajustar o desenho da pedaleira; aproveitar melhor o espaço lateral. Onde colocar o estepe? E o sistema de escapamento? Algumas consignas de Leiding – espaço plano para bagagens – não puderam ser realizadas.

Exotismos típicos da engenharia da Europa Central, que produziram a doutrina Porsche – motor arrefecido a ar, semieixos oscilantes, chassi de tubo central, suspensão por barras de torção –, haviam acabado com a guerra; a popularização do automóvel incrementara riscos econômico-financeiros. Bem comportada, a equipe entrou no espírito dos tempos: era a época dos econoboxes – carros pequenos por fora e grandes por dentro, parecendo miniperuas, providos de três portas, uma delas chamada de hatch. Essa tendência se iniciou nos EUA com o Kaiser Vagabond de 1949 e ganhou ímpeto com a obra de um desenhista de automóveis talentoso, Alec Issigonis. Nascido na Turquia, de educação inglesa, ficou famoso pelo desenho do Morris Minor, de 1949. Parecendo um mini-Chevrolet, o modelo foi o maior concorrente do Fusca até 1953.

O modelo perua seduziu o mercado. Em 1957, Issigonis usou-o no Austin

O carro foi tomando as formas definitivas que pudessem concorrer com as ofertas da GM e, depois, da Fiat.

Evolução do hatch – 1949, Kaiser, irmão mais velho do Aero-Willys. Impôs-se como tendência mundial nos Austin A40, Austin 7/Morris Mini-Minor.

A40, de tração traseira, e desenvolveu-o em 1959 no Austin Seven/Morris Mini Minor, de carroceria monobloco e grupo motopropulsor dianteiro em posição transversal. Tornou-se o desenho automobilístico mundial de carro popular da segunda metade do século XX, avançando para os carros médios. Provia economia no volume e no peso final do carro – o porta-malas incluía parte do teto.

A doutrina Porsche para carros pequenos estava morrendo, mas não antes de constranger a meta dos brasileiros, pela escassez financeira no Brasil e na matriz Volkswagen. O Brasília tinha bom espaço onde não era necessário – entre os bancos dianteiros e as portas –, mas pouco onde era necessário: no porta-malas. O modelo dava excelente sensação de espaço, pela área envidraçada e pela arquitetura de perua, quando comparado ao Fusca.

Não foi possível usar em sua construção a estrutura monobloco: era apenas mais uma carroceria aplicada ao chassi preexistente. Novo constrangimento: não podia usar o chassi da Variant, 6,5 cm maior, mas o do Zé do Caixão, pouco alargado nos painéis do assoalho, parecido com o Karmann-Ghia, com ventoinha vertical colocada à frente do motor: condenou o Brasília à sensível diminuição no espaço para bagagens. As equipes de engenharia apelaram para o balanço dianteiro, que não compensou a limitação. Mas a obra de estilo, admirável, criou pela primeira vez um Volkswagen bonito, de aparência atualizada, aplicando a frente Leiding, que precisaria, por justiça histórica, ser chamada frente Piancastelli-Novita-Oba.

O item economia de combustível também sofreu por ausência de verba para investimentos em um novo motor. Em termos de consumo médio, um Volkswagen 1100 podia fazer 12 km/l; o 1200, 11 km/l; o 1600, 8 km/l. Um Ford Prefect 1950, um Fiat 1100 ou um Renault Dauphine 1960 alcançavam de 11 km a 13 km/l. O Mini chegava a 13 km/l.

Primeiro protótipo de série do Brasília, examinado pela equipe de engenharia de produto: Eng. Peschke (segundo, a partir da esquerda na foto); Sr. W. P. Schmidt, de gravata, que iria assumir a presidência; Eng. Cláudio Menta (de bigode, atrás); Eng. Bernhard Eland; Eng. W. Schmiemann e Rudolf Leiding, o pai da ideia.

O Brasília cumpriu a consigna de ser forte, seguindo algumas orientações de Erwin Komenda: técnicas americanas e alemãs dos anos 1930 para fazer várias peças de aço prensado interligadas por solda a ponto.

No lançamento do Brasília, ocorreu a segunda crise econômica causada pela avidez dos países produtores de petróleo, travestida de guerras religiosas. Em 1973, o preço do petróleo quadruplicou em poucos meses. Mesmo assim, o Brasília foi o maior fenômeno mercadológico do "Brasil: ame-o ou deixei-o": havia uma nascente classe média, fruto do "milagre econômico brasileiro" dos "anos de chumbo". Um milhão de pessoas amaram o Brasília, em sete anos. A primeira – e única – alternativa válida ao Besouro no mundo. Deu condições para novas tentativas de todas as equipes; "lavou a alma" frente a sérios fracassos mercadológicos da Volkswagen do Brasil: o "Zé do Caixão", os esportivos SP1 e SP2, os Karmann-Ghia conversível e TC.

O Brasília enfrentou razoavelmente a concorrência do Chevette (Opel Kadett C) e do Fiat 147. Provaria ser apenas um modelo de emergência para o cansaço do mercado em relação ao Fusca – que sofria do mesmo mal do Ford modelo T. Eram úteis como uma banheira, mas ninguém queria ser visto lá dentro. Leiding abandonou o posto, depois do lançamento do Passat. Seu sucesso no Brasil o faz ganhar a vice-presidência da Volkswagen, mas, ao voltar, recusou e fez um autorrebaixamento: reassumiu a presidência da Audi, para a surpresa de Lotz e de todo mundo.

Werner Paul Schmidt, proveniente da nevrálgica área de vendas, escolhido como substituto temporário, tinha temperamento maleável, capaz de fazer grandes amigos, que dele se relembram com profunda afeição. W. P. Schmidt, como era chamado, sabia da necessidade de um homem que pudesse aliar a ênfase em produção com maior adequação no trato com governantes autoritários. O próximo presidente seria alguém criado fora da cultura da Volkswagen.

Equipes de estilo, engenharia de produção e de produto confrontam Passat-Audi 80-Opala. Estão na foto: José Novita, Heinrich, Guenter Hix, J. Peschke, Cláudio Menta, Paul A. Hoehne (engenharia de produção), Rudolf Leiding, W. Schmiemann, W. P. Schmidt (presidente da Volkswagen) e Eland.

A origem

PRELÚDIO PARA O GOL

Oriundo da Alemanha pós-Segunda Guerra Mundial, Sauer estudou mecânica e comércio, formação que aproveitou para conquistar colocação profissional em outros países. Como Schultz-Wenk e Gessner, a coisa que Sauer mais queria na vida era fugir das privações da Alemanha do pós-guerra e aproveitou muito bem sua formação técnica, mais do que bem-vinda em muitos lugares. Em 1955, foi enviado pela Bosch para a Venezuela, como responsável técnico da venda dos bens mais preciosos feitos na Alemanha pós-guerra: velas, dínamos e bobinas para aplicação em motores a explosão. Colaborou ativamente no aumento da influência da Bosch na América Latina: México, Argentina, San Salvador. De acordo com Sauer,

> Um trabalho pioneiro, de instalação. Telefone era um verdadeiro luxo em certos países, fora da área dos governos. Ficava meses sem conseguir comunicação com minha família. Lá por 1964, minha esposa me disse que era melhor parar com essa coisa de viajar! A Bosch havia me oferecido um lugar na Alemanha, em Ingolstadt, mas surgiu também a possibilidade de vir para Campinas. Eu sabia falar bem o espanhol, achei que podia vir. A Bosch era quase inexistente no Brasil e, ao contrário da Alemanha, não era fornecedora oficial das grandes empresas.

Stuttgart em 1945 e em 1950.

Leiding deixara muitos problemas na empresa: excesso de encomendas e multiplicidade de projetos, de engenharia, de produção e produtos, mas "pouca capacidade produtiva. Havia uma evolução na demanda, sem produção que pudesse dar conta dela". Sauer delegou responsabilidades para reestruturar as áreas e obteve crescimento de oferta em torno de 15%. Em 1972, também decidiu comprar as instalações da Chrysler, quase em frente à Volkswagen, na Via Anchieta.

Sauer não tinha interesse em carros gastadores, e sim nos comerciais médios e leves. Fato pouco notado é que sua incur-

Wolfgang Sauer, em 1976.

O último Charger, da Volkswagen, e o primeiro Dart, da Chrysler.

Clássicos do Brasil

do modelo clássico; em 1976, finalizou a produção do SP2 e do TC; mas logo faria outras encomendas para Gessner.

Sauer tomou a arriscada decisão de fazer nova fábrica, descentralizando um gigante. Boa parte da fundição foi alojada em Taubaté, fora da região conhecida como ABC, e produziu riqueza material espraiada pela população local. Oito anos depois, produziu o grande substituto do Fusca no coração e na mente do consumidor brasileiro: o Gol. De acordo com os relatos de Sauer,

são marcou a primeira entrada mais séria da Volkswagen nesse lucrativo ramo, hoje parte da doutrina de Ferdinand Piëch, que pretende dominar mundialmente todas as áreas do mercado automobilístico. Achando que a Volkswagen não pode sobreviver apenas com carros de passeio ou esportivos, comprou a MAN, a Deutz e a Scania, entre 2006 e 2010.

Devidamente adaptado para emigrar ao país austral, fez com que compradores brasileiros do Rio Grande do Sul, acostumados a carros estradeiros, lamentassem o fato. Junto com argentinos e uruguaios, adquiriram o único Hilman Avenger bem fabricado no mundo...

Sauer tomou decisões difíceis, selando os rumos de um parceiro fiel, a Karmann-Ghia: em 1972, terminou a produção

tínhamos um produto no auge, visível pela estabilização de demanda em seus últimos anos: o Volkswagen Sedan. Já tinha ocorrido na Alemanha; nada indicava que seria diferente por aqui; haveria uma inversão, incrementada pela incrível segmentação de mercado que estávamos vivendo. O Chevette estava para ser lançado. O Brasília, quase pronto, não iria suceder o Volkswagen. Esse foi um erro na Alemanha, quiseram fazer um carro para suceder o Volkswagen Sedan. Ninguém podia fazer isso. Um carro que deixava os donos felizes! Não criava problemas, proveu motorização para muita gente que não tinha automóvel. Fez isso no meu país e fez isso aqui. O Brasília iria suplementar nossas vendas em geral, criava uma faixa de mercado que não existia. Um carro mais espaçoso e com aparência moderna.

O infeliz Dodge 1800, exilado para a Argentina, tornou-se excelente: aparência corporativa da Volkswagen, motor Passat.

A origem

Ele se endereçou à segmentação do mercado, mas não ao aumento. Veja só: nunca atrapalhou as vendas do Volkswagen, que continuaram as mesmas. Quando elas caíram foi porque tinham que cair, pela estagnação e inversão.

CRISE DO PETRÓLEO

Em 1979, o segundo choque do petróleo intensificou a recessão mundial. Filas em postos de combustível e excesso de estoques mostraram mais erros de Leiding no planejamento de produto, destinado à minguante classe mais abastada: o "Brasilião", logo chamado de "Variantão", imaginado como pegando o bastão do sucesso da Variant: carroceria do Brasília em escala um pouco maior, chassi pouco alongado, suspensão dianteira do Passat com molas helicoidais concêntricas a amortecedores, o conjunto ligado à carroceria. Idealizada por Earle S. McPherson, engenheiro da GM nos anos 1940, ficou conhecida por seu sobrenome, após ter provado ser o melhor desenho para rodovias sofisticadas.

O excesso de produtos referidos por Sauer, Passat, de 1974, e Variant II, de 1977, contemplando excessivamente categorias médias, sobrava no pátio à medida que a recessão mundial assumia proporções trágicas nos países em vias de desenvolvimento.

Governo e empresas brasileiras tiveram que dar tratos à bola para conseguir divisas, pela alta no preço do "ouro negro". Aventuraram-se no desconhecido terreno dos combustíveis alternativos, pela decisão autoritária mas sábia do militar de plantão na presidência, general Ernesto Geisel. Conseguira domar parte dos criminosos que exerceram o poder nos dois períodos anteriores, possibilitando-lhe prover infraestrutura básica em energia para o país, usufruída até hoje. O sistema autoritário facilitou as ações dessas pessoas. Por sorte, a Volkswagen não era dominada por tecnocratas.

A estratégia abrangeu motores arrefecidos a ar e a líquido, carros prontos e CKD para Uruguai, Colômbia, Venezuela, Peru, Nigéria e Argentina. Apelou para o escambo: carros por petróleo. Geisel, nacionalista e estatizante, aumentara o monopólio da Petrobras, cuidando agora da distribuição

1977 Variant II RX.

Os iraquianos se afeiçoaram ao Brasili, Passats mais bem-feitos do que os ofertados no mercado interno.

de derivados; gostou da proposição de Sauer. O governo brasileiro estava interessado em abrir o comércio para países da África e do Oriente Médio – outra imposição política do general Geisel.

Um grupo iraquiano endinheirado pelas crises do petróleo comprara as ações da Volkswagen em poder do grupo Monteiro Aranha e facilitou o escambo, ou Operação Iraque. Mobilizou cerca de vinte navios-tanques da Petrobras, que levavam no convés carros preparados para o gosto iraquiano, que apreciava cores berrantes como azul e vermelho – diverso do brasileiro, que preferia cores mais claras, como areia e cinza –, exigiam quatro portas e ar-condicionado, o que era luxo por aqui, além de proteção especial contra ferrugem. A viagem transoceânica chegava em um porto na Jordânia; os carros eram transferidos a 2.500 caminhões, que percorriam 13.000 km no deserto.

Porém, a negociação enfrentou problemas: Saddam não era bom pagador. Suspendeu as entregas combinadas do petróleo e pagava apenas até receber a mercadoria. Alguns navios nem descarregaram; outros retornaram sem completar o longo percurso, desovando lentamente os carros no mercado interno brasileiro. Seduziram alguns pelo menor preço e equipamentos opcionais. O Passat manteve-se durante mais de vinte anos como base do transporte pessoal do povo iraquiano, que o denominava, afetivamente, de Brasili.

A longa administração de Wolfgang Sauer manteve mútua colaboração com o governo Geisel, facilitado pela origem étnica. Não foi submisso, como Schultz-Wenk, nem revoltado, como Leiding. Isto já havia ocorrido na sua estada na Bosch, em pleno governo Médici, o mais feroz entre os mandatários indicados pelo estamento militar. "Reestruturamos a escola de aprendizagem da Volkswagen, preparando cerca de mil alunos por ano, garantindo fluxo de mão de obra altamente especializada. Criei o Conselho de Trabalhadores – o primeiro dentro da empresa", conta Sauer, sobre as relações de trabalho. Nesse clima socioeconômico, o Gol foi gerado.

Escambo Brasil-Iraque: a marca do petróleo.

PROJETO BX

O departamento de design da Volkswagen alemã era pequeno, sem prestígio, desestimulado por Nordhoff, para quem esse tipo de coisa sequer era necessária – usava Pininfarina como mero consultor; a casa Ghia só tinha acesso à Karmann. Vetou, inicialmente, mais de quarenta protótipos com a ajuda de Karl Feuereisen, alguns desenhados em Wolfsburg.

Kurt Lotz reconheceu urgência em ampliar a equipe de engenharia. A NSU, uma antiga empresa famosa nos anos 1920 pelas eficientes motocicletas, estava em dificuldades por ter investido no motor Wankel e obtivera licença para fazer os carros Fiat. Em 1932, seu diretor, Fritz von Falkenhayn, persuadido por Adolf Rosenberger, sócio de Ferdinand Porsche, quase adquiriu o projeto do Tipo 32 do Escritório Porsche, o "Volksauto", o carro do povo. A equipe incorporou tudo que apareceu depois no Fusca: motor boxer traseiro arrefecido a ar de 1,5 litro, projetado por Joseph Kales; chassi em tubo longitudinal e barras de torção de Karl Rabe; carroceria aerodinâmica de Erwin Komenda. Financiou dois protótipos, mas desistiu pelo alto custo. Pode ter perdido excelente oportunidade de ter um carro vencedor.

Nos anos 1950, a NSU tinha carros parcialmente inspirados na doutrina Porsche: motor traseiro de alta rotação, quatro cilindros em linha, entre 0,6 e 1,2 litro, quatro tempos, arrefecidos a ar. Tiveram boa aceitação local e nota-

Tipo 32 NSU VW-1.

À esquerda: Ringel, que cuidou da produção dos protótipos do Volkswagen 30, em 1936, elaborou este modelo para substituir o Fusca em 1952: Nordhoff vetou, por achá-lo muito tímido. À direita: protótipo dos anos 1960, desenhado por Ferdinand Alexander "Butzi" Porsche: Nordhoff vetou, por achá-lo muito ousado.

NSU 1000 TTS, 1967 a 1971: carroceria copiada do Corvair, motor arrefecido a ar, desempenho notável.

bilizaram-se em corridas, pela excelente engenharia. Como o Fiat 1300 e o Hilman Imp, pareciam miniaturas do Corvair.

Mas deram um passo: compraram os direitos para fabricar o motor de pistões rotativos desenhado por Felix Wankel. Seu modelo mais sério, o Ro 80, insuficientemente testado, quebrava antes dos 30.000 km: obrigou-lhes a um *recall* suicida. Daimler-Benz, General Motors e Mazda também adquiriram os direitos, mas só a última obteve relativo sucesso em carros esportivos.

Um carro fora de época, com motor rotativo de Felix Wankel.

A NSU era um celeiro de engenharia e estilo; a compra deu origem ao primeiro carro arrefecido a líquido com a marca Volkswagen: o K70, equipado com motor de alto desempenho, com cabeçote de alumínio, comando de válvulas no cabeçote acionado por correia dentada e taxa de compressão intermediária entre o ciclo Otto e o ciclo Diesel, semelhante ao motor Audi 827 de Ludwig Kraus (Mitteldruckmotor), que logo equiparia o Passat.

Lotz autorizou que Fritz Hauck desenvolvesse o motor 827 com essa base. Não gozou de reconhecimento de suas boas medidas, pois acabou vitimado por um golpe político, aproveitado pelo sagaz Leiding, cuja recusa da vice-presidência da Volkswagen era intencional – não queria ajudar um presidente impopular. Entusiasmado com um Brasil que lhe serviu de catapulta, ao voltar, levou seu SP2 particular – enfatizou publicamente a ajuda econômica da filial brasileira à matriz, asfixiada por investimentos urgentes em novos carros. Piancastelli confirmou: "O sucesso dos desenhos da equipe de estilo e de engenharia foram fundamentais para a escolha do senhor Leiding para a presidência da Volkswagen mundial".

Wolfsburg decidiu investir em projetos mais baratos para subsidiárias nos países em vias de desenvolvimento, inicialmente Brasil e Espanha (no caso deste último, em parceria com a Seat). Apenas um rumo a se-

A origem

29

guir: um econobox hatchback. O fato de o Brasília ter sido um sucesso criava maiores responsabilidades: deveria ser ultrapassado, pela maior complexidade e tamanho do mercado. Codificado como Projeto BX: *B*, de Brasil; *X*, de secreto.

O ESTILO DO BX

Sauer delegava decisões de engenharia para uma equipe dividida: alguns, na engenharia e no pós-venda da Volkswagen, defendiam a continuidade da linha a ar, observando a notável demanda pelo já tradicional boxer, considerado inquebrável. A capacidade instalada da fábrica em São Bernardo, a mais importante depois de Wolfsburg, mantinha-se altamente especializada na produção desses motores. A alta demanda inicial do Brasília prenunciava longa vida para o arrefecimento a ar. Outros ficaram animados pela aparente aposentadoria da doutrina Porsche, já vencedora no Grupo Volkswagen e na Audi AG.

O diretor de vendas, Carl Horst Hahn, tirara seu ás de espadas. Um desenho experimental marcou a entrada de seu genro no Grupo Volkswagen, Giugiaro, ao lado de Bertone e Ghia, agora dono de seu próprio negócio: a Italdesign. Paladino da mudança de estilo au-

À esquerda: influenciador de estilo nos anos 1970 e 1980: o Audi 80 "ás de espadas" foi uma prévia para o Scirocco (1976) e o Passat TS. À direita: clones do Passat de Giugiaro, o Simca, depois chamado de Talbot (acima), e o Renault 30 (abaixo) conquistaram boa fatia do mercado com a "técnica" do nada se cria, tudo se copia.

1970: Audi 80 Fox, três-volumes; origem do Passat, Golf, Scirocco, Polo e toda a "linha água" da Volkswagen do Brasil.

1974: revolução na Volkswagen – fim da "doutrina Porsche": suspensão McPherson, arrefecimento a líquido.

tomobilístico, suprimiu curvas francesas em favor do design escandinavo, acrescido de harmonia estética que só um italiano poderia dar: cheio de cantos vivos, vincado como se fosse por navalha. Estilo copiado cedo por outros fabricantes, imperou por vinte anos.

A iniciativa da equipe de estilo, de 1972, em visitar a Alemanha, somada ao sucesso do SP2 e do Brasília junto a Leiding, deu como fruto um convite, em 1976, para um trabalho conjunto no projeto do BX, substituto do Brasília. Em Ingolstadt, participariam de um concurso interno com outras equipes, praxe na Volkswagen da época. O carro seria exclusivo para o Brasil, feito em tempo recorde, mas em segredo. Não poderiam começar do zero, como prefeririam, mas poderiam começar a partir de um estoque de peças mais moderno.

Como o arrefecimento a ar, a suspensão por barras de torção também estaria fadada a se restringir a linhas comerciais pesadas; o segundo, excessivamente caro para as condições econômicas dos anos 1970 e inadequado para ruas e estradas mais bem cuidadas. A suspensão por semieixos oscilantes tornou-se obsoleta: fonte de incertezas de estabilidade cada vez menos toleradas, à medida que demandavam habilidade do condutor do veículo.

Diferenças culturais marcaram o contato com os alemães, que eram mais diretos e objetivos ao se comunicar. Piancastelli e Jota desenharam um quatro-lugares sobre a plataforma do Passat. Não agradou ao conselho alemão. Ouviram ideias negativas a respeito do Brasília, sentindo-se mal recebidos: era uma das maiores fontes de renda da Volkswagen! Alemães são mais observantes de padrões de legislação; inclusive nos métodos protocolares de conseguir e manter um emprego:

A origem

tudo especificado por manuais de leitura obrigatória. Os brasileiros mantinham hábito de independência: não cobravam por horas extras, o que incomodou os alemães. Depois de caretas desestimulantes, alguém tomou a atitude radical para impedir a prática dos brasileiros: mandou desligar as luzes do prédio onde estavam as pranchetas.

O hoje histórico Audi 50 foi a base inicial para estilo e engenharia. O primeiro, assinado por Giugiaro, recebeu influências do Brasília e do Scirocco, com pouca coisa do Golf, mais quadrado, parecendo dois caixotes. Alguns preferem a dianteira do trio Piancastelli-Jota-Oba, ainda mais arrojada do que no Brasília. Os brasileiros preferiam uma aparência mais esportiva, mesmo que fosse um veículo de trabalho.

Modificações no humilde Fusca – rodas de Porsche, alisamento das nervuras no capô, compressores, cabeçotes especiais – lhes davam razão. A coluna central recebeu um motivo muito apreciado pelos alemães, depois aplicado ao Gol GT. Suspensão dianteira McPherson e traseira por eixo de torção integrado autoestabilizante idênticos ao Audi-Passat. Na faixa de preço do BX, os mais avançados disponíveis. W. P. Schmidt e Rudolf Leiding estimularam engenharia e pesquisa feitas localmente, mas a Volkswagen do Brasil permanecia como estação repetidora da Alemanha.

Passat 1975: quatro--portas. Modelos deste tipo precisaram de mais quinze anos para serem aceitos no Brasil.

GESTÃO SCHMIDT

Wolfgang Sauer sabia da necessidade de uma pessoa com maior preparo, agravada pela proximidade da aposentadoria de Schmiemann. O novo presidente da Volkswagen mundial Toni Schmücker, herdeiro de Leiding, encaminhou Philipp Schmidt para o Brasil.

Schmidt havia feito um sistema de ensino denominado "Technische Hochschule", geralmente ligado a empresas privadas, em Stuttgart. Trabalhava na NSU como especialista em arrefecimento a ar por dutos. Era perito em coordenação de projetos. Um deles foi a montagem

Toni Schmucker, 1974.

do motor boxer na dianteira do EA 276, um Golf primitivo, dotado de ventoinha colocada atrás do bloco do motor dianteiro, utilizando novos recursos de material plástico aplicados aos dutos de ar e à ventoinha. Teve como inspiração um projeto da Porsche para a Studebaker e em vários Porsches de corrida.

A autorização do desenvolvimento havia sido dada por Nordhoff, que agora estimulava tanto os austríacos trabalhando dentro da doutrina Porsche, sob a supervisão de Ernst Fiala, como os alemães sob chefia do doutor Kraus. O EA 276 também contemplou um motor arrefecido a água. Estilisticamente, trazia a primeira contribuição de Giugiaro. Outro projeto que Philipp coordenou, ainda mais importante, foi a introdução do Audi 50. Essas credenciais lhe deram a oportunidade de coordenar o projeto de implantação e execução do produto mais importante economicamente para a Volkswagen do Brasil, o BX, passaporte para longa temporada no Brasil. Por questões pessoais, ficou muito reticente com a oportunidade e concordou apenas em visitar-nos como membro do departamento de planejamento de produtos. Ao ver a equipe, resolveu ficar e logo assumiu a chefia do setor de engenharia após a aposentadoria de Schmiemann. Segundo Cláudio Menta,

o design do Gol foi desenvolvido no Brasil quando o senhor Philipp Schmidt já era diretor de engenharia da Volkswagen do Brasil, pelos designers Jota e Márcio Piancastelli. Àquela ocasião eu não comandava mais o departamento de design da Volkswagen do Brasil; era responsável pelo projeto da carroceria bruta e de seus acabamentos, como painel de instrumentos, revestimentos das portas e das laterais, vidros etc.

Schmidt promoveu significativas mudanças administrativas, conforme descreve o engenheiro Kroeger:

No ano seguinte, 1978, a nossa Engenharia se transforma na Diretoria de Pesquisa e Desenvolvimento, nome idêntico ao que havia na Engenharia na Alemanha, significando que estávamos crescendo. Iniciamos, paralelamente, dois programas de aplicação de energia alternativa para motores – álcool e solar. Foram contratados o professor doutor Heitland e o doutor Georg Pischinger, que é membro do nosso grupo de amigos. [...] Fui incumbido por Philipp Schmidt de elaborar um estudo que concretizasse a mudança da Engenharia dos prédios do Ipiranga, da Vemag, para São Bernardo do Campo, dentro da Volkswagen. Havia agora uma diretoria, o Conselho Deliberativo e os departamentos de custos, construção do prédio e instalações.

FUNDAMENTOS

Cláudio Menta recorda-se que a engenharia, comandada pela Alemanha e pelo Brasil, com prioridade para a primeira, definiu os fundamentos: adaptação do motor arrefecido a ar para montagem na parte dianteira do veículo. Elaborados no final dos anos 1930, para um Volkswagen que ainda não se chamava Fusca, pois sequer era conhecido no Brasil. Ferdinand Porsche nutria dúvidas na aplicação e na colocação do motor desenhado por Franz Xaver Reimspiess; teimosamente seduzido pelo DKW, pediu a seus técnicos desenhos que colocassem o motor à frente, melhorando o espaço para bagagens, calcanhar de aquiles do Tipo 60. Em 1952, para a Studebaker, a Porsche fez um V-6 dianteiro arrefecido a ar. Tudo foi engavetado frente ao sucesso estrondoso do Besouro no mercado. Seria posteriormente lembrado para o EA 276 e o BX.

De 1976 a 1979, aparecia e desaparecia a curva francesa elevando a cintura; ora lembrava o Scirocco, ora o Golf. Os faróis permaneciam circulares, marca corporativa presente no Passat, no Golf e no Scirocco. A distância física da Alemanha ajudou na persistência dos brasileiros de dotar o BX de aparência mais delicada: rebaixaram todo o conjunto frontal, agora com pequenos faróis. Duplos ou quadrados? Pelo crivo competente de Schäffer, chegaram ao estilo definitivo

Abaixo, à esquerda: o BX III 1976. Ao lado: Iso Lele (1972), de Giugiaro, resultou no Audi 80 e no Passat. Abaixo, à direita: Lamborghini Espada (1970), de Pininfarina.

Desenvolvimento perene no BX: a influência de Giugiaro se impõe.

no quarto ano: "coda tronca", traseira truncada, e capô alongado conferiram ar esportivo. Comparações com o arredondado Fiat 147, de hatch quase idêntico ao do Gol, desenhado por Gian Paolo Boano, dependem do leitor; talvez o Fiat seja menos delicado e menos original.

Schmücker e o conselho de diretores pensavam que o Brasil, abrigando a segunda fábrica fora da Alemanha, seria o polo irradiador de projetos e de fabricação de veículos específicos para o mundo subdesenvolvido. As especificações simplificadas do BX, comparadas com as do Passat-

À esquerda: o Golf 1975, a janela traseira e a linha de cintura ganham contornos definitivos, inspirados no Scirocco. À direita: um dos projetos ajudados por Schäffer: SP3, um SP2 com motor de Passat, instantaneamente desatualizado pelas maquinações dos países produtores de petróleo.

A origem

Em 1975: o primeiro protótipo em argila e o primeiro modelo em escala do BX, que ainda não se chamava Gol.

-Scirocco-Golf, demonstraram a intenção de barateamento. Não ocorreram no item segurança: teria direção colapsível no caso de choques frontais, estendida inclusive à linha arrefecida a ar.

Os instrumentos de bordo esquadriados – sucesso da época – viraram marca corporativa desde a Variant II, estendendo-se ao Fusca e ao Brasília em 1982. Um painel sob nacele, eficaz contra reflexos, ergonômico e destacável para manutenção, contemplava espaço para todos os tipos de medidores no mercado: conta-giros, marcadores de temperatura e pressão do óleo e relógio. Vinha equipado também com porta-luvas generoso e acabamento quase todo em plástico, com partes metálicas de sustentação.

À esquerda acima: lições do Brasília – uso de uma armação em tubos de metal para simular o carro pronto. À esquerda abaixo: instalações mais adequadas para o setor de estilo, em 1975. À direita: em 1979, aprovado para produção. Na foto: Jota, Schäffer, Oba, Piancastelli.

MECÂNICA E CARROCERIA

O modelo BX tinha menor espaço externo, menor peso, simplificação de construção e menor consumo de aço do que o Brasília e o Fusca. Guenter Hix citou uma intenção consciente de prover "ênfase no espaço e no conforto": amplíssima área envidraçada conferiu-lhe luminosidade interna, fazendo o carro parecer maior do que realmente era. Aparentava ser maior do que o Fusca e o Brasília, mas era 24,1 cm e 23,2 cm menor no comprimento, respectivamente. O Chevette Hatch, de dimensões praticamente idênticas, parecia mais acanhado.

O método construtivo do monobloco em caixas garantiu um equilíbrio de forças físicas que tendia a deixar o habitáculo na condição de uma caixa forte, resistente a impactos. Ficava flexível apenas no caso de amassamento da seção

"Radiografia" do projeto do BX em 1979.

A origem

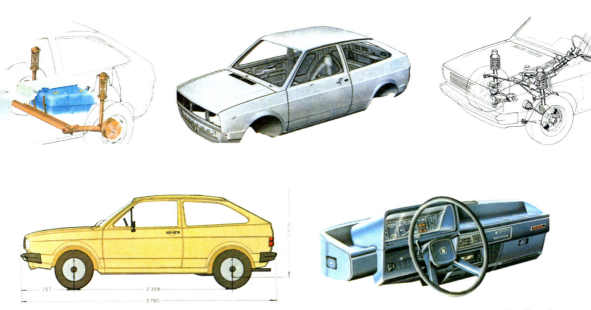

Detalhes do novo modelo: tanque de combustível, carroceria, suspensão direita, dimensões e painel.

frontal. Segundo Cláudio Menta, o modelo facilitava a proteção da área de passageiros "com a colocação do tanque de combustível na parte traseira do veículo, protegido por caixa de segurança, redundando em soluções mais simples para o atendimento de normas de segurança".

O motor dianteiro e a suspensão McPherson aumentaram o espaço interno no habitáculo, sem corcova de transmissão, e no porta-malas; o carro era dinamicamente mais estável. O Fusca exigia construção complicada e cara, insuportável em épocas de miséria econômica conjugada com justas políticas de elevação salarial. Os sindicatos, mais fortes, exigiam melhoria nas condições de vida. Havia usos espúrios desses fatos: a constatação de que a Volkswagen brasileira havia praticamente sustentado a matriz nos anos Leiding; algumas paralisações não se baseavam exclusivamente nas propostas de melhoria de vida do operariado.

MOTORIZAÇÃO

Um motor dianteiro para o Fusca? Porsche considerou a ideia em 1939.

Se não podiam contar com a modernidade dos motores arrefecidos a água, os engenheiros da Volkswagen do Brasil

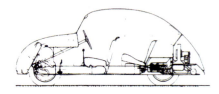

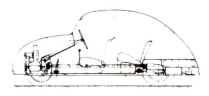

À esquerda: o EA 276 – primeiro desenho de Giugiaro para a Volkswagen.
À direita: vidros, hatch e lanternas encontrariam lugar em muitos produtos da Volkswagen alemã e brasileira: Audi 50, Brasília, TC e outros.

tiveram outra oportunidade, perdida na época do SP2: um DNA Porsche injetado no Gol BX, que obteve modificações nos cabeçotes, como as originárias de projetos da Porsche dos anos 1940,

dando maior eficiência volumétrica. Karl Rabe, Leopold Schmidt e Ernst Fuhrmann aperfeiçoaram os cabeçotes, na inclinação das válvulas de escapamento permitindo melhor evacuação dos gases queimados. As alterações resultaram nos motores que equiparam o Porsche fabricado de 1951 até 1957, com impressionante gama de opções – 1300, 1300 S, 1500, 1500 S e 1600 –, cuja carcaça e suporte do dínamo eram mais reforçados do que os utilizados no Volkswagen. Desenvolviam de 40 cavalos a 70 cv. No Gol BX 1300, pelas baixas razões de compressão, aceitavam, relutantemente, gasolina normal, aumentando 4 cv. Soa estranho que motores projetados nos anos 1930, aperfeiçoados nos anos 1950, fossem usados no final dos anos 1970? O fato é que desenhos de ponta, como os da Casa Porsche, antecedem o uso normal em pelo menos vinte anos.

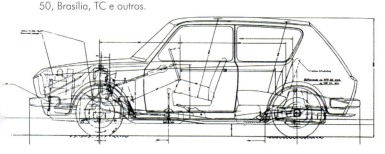

A origem

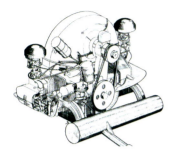

Este Porsche 1300 1952, pilotado por Harald Gessner em 1955, tinha um motor bastante semelhante ao que equipou o Gol.

A colocação do motor na dianteira auxiliou o arrefecimento, dispensando a turbina radial em prol de uma axial e relação de transmissão alta entre virabrequim e turbina para forçar o ar dentro dos dutos. Consta nos arquivos do Museu Porsche que a assessoria da casa de Stuttgart proveu cálculos aerodinâmicos obtidos em competições, com turbinas horizontais em motores de seis e doze cilindros, que promoviam maior eficiência das pás e contribuíam para diminuir as temperaturas de funcionamento e o peso. Isso permitiu apelo a partes plásticas, economizando 14 kg. Schmidt persistia na ideologia teimosa de obter economia e durabilidade às custas de estrangulamento na admissão do combustível, algo que dependia mais do condutor do que do carro: o BX manteve o carburador Solex-Brosol 30, versão econômica do Fusca 1967. A estrutura monobloco acrescida do motor dianteiro aliviado providenciou notável economia de peso em relação ao Fusca. O Gol chegava aos 127 km/h; 0-100 km/h em 30 segundos; o Fusca, 110-115 km/h, 35 s. O consumo igualava-se ao do Volkswagen 1200: 12 km/l. O engenheiro Antônio Ferreira de Souza Filho, responsável por todos os testes de estrada desde 1966, constatou a superioridade do Gol em relação ao Fusca 1300, ao Fiat 147 e ao Chevette Hatch.

Nas arrancadas, a dianteira facilmente se erguia, cantando pneus aro 13 de seção estreita (155), dando falsa impressão de potência. Vastamente superior ao Fusca nas qualidades de rodagem, diminuía sensivelmente os característicos pulos ao atravessar buracos. A rigidez estrutural deu-lhe capacidade, embora menor do que a do Fusca, de enfrentar os castigos da péssima pavimentação brasileira, como todo bom Volkswagen.

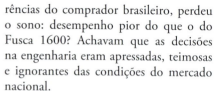

Volkswagen: pioneira em introduzir o crash test no Brasil.

Alguns testes contaram com a experiência de outros engenheiros veteranos; Cláudio Menta e o Gol, em uma estrada, cruzando Minas Gerais.

O desempenho em estrada deixou muitas dúvidas nos engenheiros. Philipp Schmidt, acostumado à frugalidade europeia e testemunha da miséria brasileira, achou-o ótimo — coisa notável para alguém que dirigira um NSU 1100 S. O pessoal de vendas, conhecedor das preferências do comprador brasileiro, perdeu o sono: desempenho pior do que o do Fusca 1600? Achavam que as decisões na engenharia eram apressadas, teimosas e ignorantes das condições do mercado nacional.

Frank Pflaumer participava da equipe de projeto do BX. Dois anos antes, dera apoio à concessionária Condor, de Mário Ferreira, para modificar um Brasília. Sobre o fato, declarou:

> Ferreira e seus filhos, Mário Pedro e Luiz André, venceram a 25 Horas de Interlagos com um Brasília preparado sob minha direção na Volkswagen, concorrendo na categoria até 1,6 litro. Era um desafio e favor... Virabrequim balanceado, motor 1,6 com pistões escolhidos segundo precisão máxima, terminados na fábrica; pneus especiais; até mesmo o aço usado na carroceria foi especial.

Representando a área de pós-vendas, foi um dos que cedo avisou Schmidt a não usar o 1,3 no BX, devido ao pouco torque e ao alto consumo de combustível. Schmidt insistia em se basear em testes de rodagem. Pflaumer argumentava: "Condição ideal, teórica!" Realmente, eram irreais. "Na literatura inicial sobre o veículo, constava o dado de 15,9 km/l!", recordou-se Pflaumer, ainda incrédulo, trinta anos depois. Inconforma-

A origem

Pflaumer (de óculos), em Interlagos: abastecimento do campeão. Precisão de fábrica na elaboração do motor Brasília de dois carburadores da Condor.

do com "a bobagem que iam fazer com o Gol", aconselhou que usassem o motor 1,6 com dois carburadores. "Schmidt era irredutível: é impossível colocar dois carburadores e manter o estepe no compartimento do motor". Inconformado, Pflaumer procurou Mário Ferreira:

Foi a vez de ele aceitar o desafio e fazer favor: "vamos montar um motor 1,6 arrefecido a ar no Gol, com dupla carburação, como fizemos no Brasília?" Teria que ser secreto, fora da fábrica. Conseguimos manter o estepe na dianteira, com a posição invertida, "vestindo" o carburador do lado direito. Levamos o veículo para São Bernardo; agradou todos que o dirigiram.

Schmidt sequer quis ver o carro de Pflaumer e Ferreira. Teria dito, irritado: "Os cálculos para o coletor de um carburador estão certos; Frank devia se meter nos assuntos que são do departamento dele. O carro vai ficar com a diminuição no espaço para bagagens e o estepe na traseira". Pflaumer enfrentou: "Perante a ideia de levar o carro para Sauer ver, Philipp

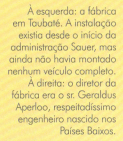

À esquerda: a fábrica em Taubaté. A instalação existia desde o início da administração Sauer, mas ainda não havia montado nenhum veículo completo. À direita: o diretor da fábrica era o sr. Geraldus Aperloo, respeitadíssimo engenheiro nascido nos Países Baixos.

  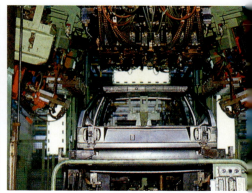

Etapas da montagem do veículo: o processo de prensaria e a carroceria eram feitos pela Karmann-Ghia do Brasil. Depois dos ajustes, começava a produção em Taubaté, onde, por exemplo, era feita a solda a ponto, uma especialidade já dominada pela empresa. Enquanto a carroceria era montada, terminava-se o motor arrefecido a ar, com ventoinha em amarelo. Enfim, a carroceria ganhava o primer na seção de pintura e era encaixada no chassi.

ficou lívido. Resolveu dar uma olhada, um tanto mal-humorado. Não deu o braço a torcer", numa decisão que sairia bastante cara à empresa.

Schmidt não tocou mais no assunto, mas os engenheiros voltaram às pranchetas no dia seguinte. Em pouco menos de um ano, a engenharia lançou o Gol a álcool, com dupla carburação, seguindo exatamente o mesmo plano do especial preparado por Pflaumer e Ferreira. Apesar dessas diferenças, Philipp Schmidt e Frank Pflaumer continuam sendo bons amigos, mesmo depois de o primeiro retornar à Alemanha.

Naqueles que viveram os acontecimentos, compradores e integrantes da Volkswagen, ainda há um sentimento de estranheza na decisão de se colocar o 1,3 no primeiro modelo do Gol. O Fusca 1,6 bicarburado, iniciado oficialmente no Brasil em 1974 com o "Super-Fuscão"

ou "Besourão", tinha milhares de admiradores, apesar do preço. As contingências macroeconômicas asfixiaram estilistas e engenheiros por mais de dois anos. Não sabiam se o carro os levaria ao desemprego ou à promoção. Ninguém imaginava um final tão glorioso.

Em 1979, armavam a jogada. O BX ganhou um nome bissexto. Não era nome de cidade: seria Gol.

Carro pronto, nome escolhido: era a hora de as equipes de marketing e vendas entrarem em ação. Todos tinham certeza de que o Gol *não* vinha para substituir o Fusca, cujo número de vendas mantinha-se ascendente, embora menos acelerado. Havia a percepção de que o Brasília, cheio de sucessos, inclusive em corridas, fraquejava: o temido platô indicava a queda iminente. O recorde dera-se em 1978: de 167.305 unidades, sendo 8.088

A origem

em CKD para exportação, passou para 167.268, sendo 14.292 em CKD. O Gol seria a tábua de salvação, o substituto do Brasília. Diminuiria o risco de autofagia, carros diversos ocupando a mesma faixa de uso. Abandonou-se de vez os planos de equipar o Brasília com suspensão e motor do Passat, de 1975, já postergados pela Variant II.

PVS (sigla de Production Versuch Serie) era a série experimental de produção para testagem dos métodos construtivos, do primeiro Gol, feito em setembro de 1979. A área de pós-vendas, com Pflaumer, não desanimava: declarou abertamente que não aceitava que se inserissem falsidades na propaganda, divulgando dados obtidos em condições que jamais seriam alcançadas pelo usuário normal. O excepcional prospecto de lançamento falava em 18 km/l, dado factível em condições excepcionais.

À esquerda: o lançamento tomou dois dias – solenidades em Campos do Jordão seguidas de testes de estrada para a imprensa, em Taubaté. À direita: PSV1 Gol, Cláudio Menta, Hans Kröger, Holland (controle de qualidade), Nell (engenharia de manufatura) e Philipp Schmidt.

PROJETADO, CONSTRUÍDO E TESTADO PARA RODAR NO BRASIL.

O chão do Brasil não é segredo para a Volkswagen. Eis mais uma arrojada demonstração dessa intimidade: o Volkswagen GOL. Passeie seus olhos por ele e ganhe uma demonstração de técnica, resistência e economia.

"Célula de Segurança": A carroçaria tem estrutura dotada de zonas de deformação que absorvem impactos frontais e traseiros, ficando a cabine como uma autêntica "célula de segurança" para a proteção dos passageiros.

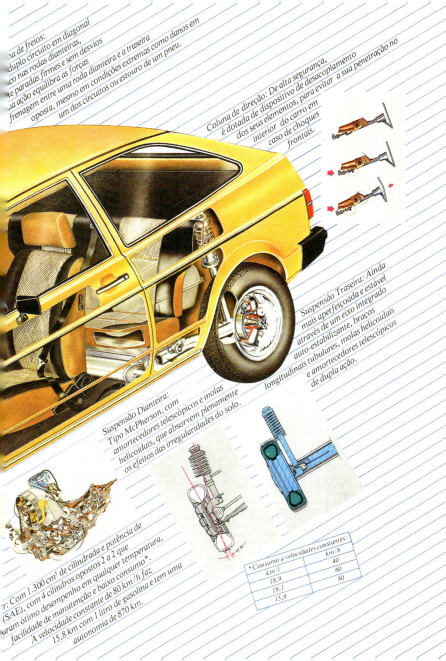

...a de freios: ...duplo circuito em diagonal ...co nas rodas dianteiras, ...e paradas firmes e sem desvios ...a ação equilibra as forças ...frenagem entre uma roda dianteira e a traseira oposta, mesmo em condições extremas como danos em um dos circuitos ou estouro de um pneu.

Coluna de direção: De alta segurança, é dotada de dispositivo de desacoplamento dos seus elementos, para evitar a sua penetração no interior do carro em caso de choques frontais.

Suspensão Traseira: Ainda mais aperfeiçoada e estável através de um eixo integrado auto-estabilizante, braços longitudinais tubulares, molas helicoidais e amortecedores telescópicos de dupla ação.

Suspensão Dianteira: Tipo McPherson, com amortecedores telescópicos e molas helicoidais, que absorvem plenamente os efeitos das irregularidades do solo.

...r: Com 1.300 cm³ de cilindrada e potência de ...(SAE), com 4 cilindros opostos 2 a 2 que ...uram ótimo desempenho em qualquer temperatura, facilidade de manutenção e baixo consumo*. À velocidade constante de 80 km/h faz 15,8 km com 1 litro de gasolina e tem uma autonomia de 870 km.

*Consumo a velocidades constantes:	km/h
km/l	40
18,9	60
18,1	80
15,8	

LANÇAMENTO

O Gol foi recebido com entusiasmo crescente, em progressão aritmética, formando filas nas concessionárias. Era o carro com o qual a Volkswagen esperava poder triunfar frente ao Chevette, que havia batido o Brasília. Não tinha dúvidas que venceria o Fiat 147 – com três anos de mercado, meio afogado em problemas de qualidade de construção.

Estávamos entrando na "década perdida" quando apareceram os resultados do Proálcool, um dos programas mais abrangentes de substituição do petróleo no mundo inteiro – iniciativa de um dos mais decididos homens públicos do país: o general Ernesto Geisel. Homem de visão e honestidade raríssimas em políticos, adorava jogar pôquer, mas nunca blefava, receoso de ser pego em mentira, segundo o jornalista Elio Gaspari. Geisel, um dos idealizadores do regime militar, ficaria envergonhado frente aos rumos que tal regime tomou. Personalidade autoritária, restabeleceu autocraticamente uma democracia canhestra, providenciando ao país uma alternativa em regime sem alternativas. Engenheiros e empresários – Lamartine Navarro Júnior, Cícero Junqueira

Franco, Maurilio Biagi – deram-lhe base para incentivar a cultura de cana-de-açúcar, que tem entre seus subprodutos o álcool etílico como alternativa energética válida, autossustentável e renovável.

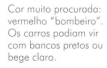

Cor muito procurada: vermelho "bombeiro". Os carros podiam vir com bancos pretos ou bege claro.

Acabamento interior de boa qualidade, como todo Volkswagen. Forração dos bancos, padrão *pied-de-poule*, preto e branco; portas em cores mais claras.

O álcool sempre foi fonte de *commodities* de nosso país, principalmente depois da decadência das culturas de café, algodão e borracha natural. O programa tornou latifundiários em grandes empresários, pecado antidistributivista que se agravou com a saída de Geisel, sujeitando-se excessivamente a desmandos dos governos posteriores. O ácool mostrou-se a única saída possível em um governo sem divisa forte, incapacitado de comprar petróleo a preços monopolizados. Geisel deixou outra alternativa ao país – atenção à mortalidade infantil, com o programa de merenda escolar – contribuições hoje pouco lembradas pela mídia

Clássicos do Brasil

Algumas "poses" oficiais do Gol.

partidarizada, pouco amiga da divulgação de versões históricas verdadeiras.

Os motores que utilizavam álcool como combustível, idealizados por J.W. Batista Vidal e Urbano E. Stumpf, iniciaram sua carreira na Volkswagen no final de 1979, após testes realizados no ano anterior. Materiais metálicos com menos tendência à corrosão, recobertos por cobre, permitiram desenvolver tec-

nologia até então desconhecida. Não era alta tecnologia, mas era pioneira. Pequenos reservatórios para gasolina, de combustão melhor que a do álcool, para partida a frio, acoplados a motores com maior taxa de compressão, chamavam a atenção dos usuários. Schmidt idealizou ferramentas para fabricar condutos, bocais e berços para tais reservatórios. A gasolina entrava e vaporizava-se em tem-

A origem

Economia de espaço: estepe junto ao motor.

O comportamento "corcoveante" do Gol parece ter inspirado o publicitário na primeira campanha.

peraturas inferiores às do álcool: havia problemas com pôr o veículo em movimento sem aquecimento do motor, antes de atingir a temperatura ideal: coisa bem difícil no inverno do sul do Brasil, na época em que efeito estufa era futuro. Motores arrefecidos por ar trabalham mais aquecidos do que os arrefecidos por água, de certa forma compensando a dificuldade. Os engenheiros Menta e Sérgio Couto se notabilizaram nessa área de missões quase impossíveis: o problema na partida a frio persistia pela enorme

À direita, acima: 100.000 motores a álcool, ainda em 1980.
À direita, abaixo: adesivo vermelho e sinalizador de direção âmbar.

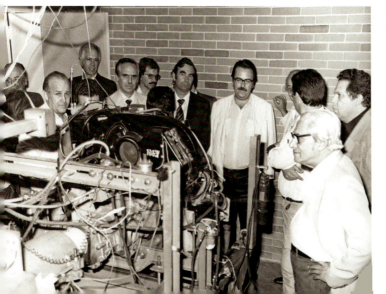

O primeiro motor a álcool da Volkswagen, um 1,3. Cláudio Menta é o quarto, à esquerda.

variabilidade da composição do álcool vertido em postos nem sempre honestos, agravada pela má fiscalização habituada à corrupção. O álcool foi visto com desconfiança: dizia-se que envenenava o ar com aldeídos; que todo mundo ficaria intoxicado. Crendices populares em novos frascos: a boataria recordava os tempos em que se dizia que a TV deixava a pessoa cega. Ocorreriam no futuro: em 1990, diziam que monitores de computador faziam "mal à vista"; que telefones celulares "fritariam o cérebro".

O primeiro motor Volkswagen movido a álcool foi o 1,3, devidamente etiquetado em vermelho na tampa do motor e na portinhola do tanque de combustível. Trabalhavam – e continuam trabalhando – mais limpos. Poluem menos, têm melhor velocidade máxima e aceleração pela taxa da compressão maior. Um Fusca 1,3 a álcool alcançava facilmente 120 km/h; precisava de um litro para percorrer 10 km; em condições de tráfego ruim, 7 km. O Gol a álcool, lançado em maio de 1980, alcançava facilmente 133 km/h; 0 a 100 km/h, 23,3 s. O Volkswagen Gol nº 100.000 foi equipado com esse motor.

GOL CONTRA?

Recebido com entusiasmo em progressão aritmética, o Gol virou objeto de desprezo em progressão geométrica. Os que previram tal desfecho não foram ouvidos pelas chefias máximas. Havia vantagens na postura geral do presidente Sauer, de delegar funções. Mas tudo que é vantajoso mostra uma face desvantajosa; outro presidente, com maior formação automobilística, teria evitado custoso desapontamento? Com o novo quadro de vendas, o susto dos departamentos competentes foi maior, e causou neles o sentimento de incompetência quando a notícia apareceu na presidência. O investimento havia sido considerável; a Volkswagen já estava amargando várias bolas fora – pelo menos para seus altos padrões e expectativas. Para qualquer outra empresa, as vendas da Kombi de seis portas, do Pé de Boi, do Zé do Caixão e dos derivados TL, TC, SP 1 e 2I teriam sido consideradas compensadoras.

O Gol 1,3 ficou no folclore da história automobilística como "Gol contra" – pela irreverência e crítica derrotista típicas do brasileiro da época. Se fosse lançado na Argentina, a população teria divulgado apenas elogios. Além de não deslanchar, dava sinais inequívocos de queda, não por defeitos intrínsecos nem dos métodos construtivos, tão novos quanto o carro; o estilo agradou quase todos, mas não era o suficiente. Levando-se em conta a novidade do projeto, o carro em si era excelente. Mais benevolente seria chamá-lo de "Bola na trave".

Em maio de 1981, já dispondo do sistema bicarburado e com cilindrada aumentada para 1,6 litro, o jovenzinho ouviu Vanzollini, caiu, sacudiu a poeira e deu a volta por cima de um goleiro inexpugnável que estava dentro da fábrica.

A hoje extinta revista *Motor 3,* o melhor periódico da época, editada pelo engenheiro José Luiz Vieira, noticiou: "Gol de placa". Começava a verdadeira carreira do Gol, já oferecido como furgão, sem janelas e bancos traseiros. Parecia um futebolista dos anos 1980: musculado com 66 cv (SAE), como um Fusca envenenado; a fábrica, sempre comedida, indicava velocidade máxima de 139 km/h; 0-100 km/h em 18 s: o Volkswagen 1,6 mais rápido jamais visto, melhor do que todos os alemães, do que o SuperFuscão, o TC e o SP. Também era menos beberrão: 13, até 14 km/l em média, principalmente na estrada. Mais estranho do que a prioridade inadequada do motor 1,3 foi o fato publicamente conhecido de que o Porsche 356 era mais econômico do que o Volkswagen 1200, mesmo descontada a penetrabilidade aerodinâmica e o peso. Em 1967,

Este Gol S 1,6, tinha 28.000 quilômetros originais em 2010 – conservava os mesmos invólucros plásticos para a bobina.

1981 Gol 1,6.

Clássicos do Brasil

de algum tempo de produção, ocorre a amortização do capital investido em maquinário. Parte do equipamento se desgasta, exigindo investimentos em ferramentaria sem garantia de retorno significativo – tanto pela falta do fator novidade como por inflação monetária e outras oscilações econômicas.

O fim do Fusca e do EA 266 decretou que o Grupo Volkswagen se tornaria uma empresa como as outras. A única saída seriam os derivados da linha BX, que tinham chassi mais longo e maior peso, com opções de um, dois e três volumes – furgão e picape, ambos equipados com motor arrefecido a ar; sedã de três volumes e perua, com motor Passat arrefecido a líquido – para cobrir a maior faixa possível do mercado. Com os modelos, foi testada a reação do comprador.

O Brasília, produto aperfeiçoado, foi vitimado pela nova política corporativa do Grupo Volkswagen: a oferta de muitas opções para uma mesma faixa de preço, possibilitando a inclusão de novos com-

preparadores – que se chamavam envenenadores – adaptavam kits 1,6 em motores 1,3 e 1,5, descobrindo que os produtos eram menos beberrões do que os pacatos 1,3 de uso diário.

Embora ainda não se soubesse que o Gol iria cumprir a mesma função do Golf alemão – o de substituto do Fusca –, o carro conquistava o público. Em 1980, 36.731 unidades do Gol entravaram as projeções da fábrica, de 50.000 unidades. Em 1982, 51.870 carrinhos pularam para dentro das traves do mercado.

Não havia mais investimentos de grande vulto devido à desordem econômica do país. Após anos de glória, o Fusca, carro-chefe da fábrica, apresentava sinais de decadência e parecia extenuado. Para a Volkswagen, não era concebível manter em produção um Fusca que vendesse menos do que 100.000 unidades por ano. Depois

A origem

Os modelos mais simples tinham a cilindrada assinalada apenas por adesivo sobre a grade.

pradores. Um dos riscos é a autofagia. A primeira vítima do Gol foi o Brasília, com vendas decadentes em ritmo nunca visto: 50% em um ano. O planejador imaginava que o Gol deveria substituir o Brasília, lenta e gradualmente – talvez influenciado macrossocialmente pela imposição das políticas governamentais de distensão democrática do general Ernesto Geisel.

O machado do carrasco foi acionado, danificando seriamente a imagem pública da Volkswagen. Desde o final do DKW, não tinham surgido reclamações tão acerbas. O Brasília, ainda apreciado, desapareceu das concessionárias, assim como as encomendas a fornecedores. Perturbando o mercado de manutenção, fez-se um rapa no estoque de peças, para montar em 1981-1982 apenas 9.546 Brasílias (1.258 unidades em 1982), destinados a empresas estatais. Terminava assim a trajetória do único companheiro do Fusca à altura do original.

CAPÍTULO 2

A EVOLUÇÃO DOS MODELOS

OS PRIMEIROS DERIVADOS

Em 1980 tivemos o lançamento do Gol furgão e da Saveiro, um veículo de transporte de carga leve, com nome de barco nordestino para carga pesada. Virou o carro esportivo da juventude, numa época de pequeno mercado. A "picapinha" deu-se ainda melhor nos anos 1990: a robusta e honesta construção Volkswagen permitiu blindagem, prática também nunca vista neste país. A pouca lataria e área envidraçada eram acessíveis à empobrecida e cada vez mais minguada classe média, acossada por criminosos de alto e baixo coturno.

1983 Voyage ocupou o espaço deixado pelo DKW e pelo Corcel primeira série.

A evolução dos modelos

1980: aprovação final para uma "Picape Gol", ainda sem nome definitivo.

Em 1982, foi lançado o Voyage, o quarto derivado do Gol, com o motor EA827 Passat 1,5 arrefecido a líquido; pequeno sedã de três volumes, duas portas e provido com maior bagageiro. O modelo incrementou a economia de escala no segundo maior exportador de Volkswagen – carros e caminhões – do mundo, condição hoje perdida para o México. Não foi muito memorável no mercado interno, mas foi o primeiro, e até agora o único, projeto brasileiro exportável para os EUA e Canadá. Classificado como tamanho médio no Brasil e como compacto em outros países, tinha construção simplificada em relação aos alemães e foi usado para a propaganda enganosa – logo descoberta – de ser substituto do Fusca. Tomou emprestado o nome do Audi 80 para o mercado americano – Fox –, enfrentando adversários temíveis: Toyota, Honda e Nissan. Pela construção excelente, deixou admiradores, cumprindo bem a função de transporte básico para 200.000 compradores: respeitável nicho de mercado, mas número insuficiente para ser considerado um sucesso. Se tivesse câmbio automático – era apenas manual de quatro marchas –, talvez a história fosse diferente. Teve uma versão com quatro portas três anos antes de ela ser introduzida por aqui.

Painel de instrumentos do Voyage 1983.

Voyage: incorporando todos os aperfeiçoamentos do modelo exportação. Nome relegado ao esquecimento em 1994, retornou oito anos depois.

Piancastelli e desenho escala 1:1; se dependesse apenas da equipe de estilo, a Parati seria assim...

Outro lançamento do ano foi a Parati, o quinto derivado, arrefecido a água. O modelo foi o quarto maior sucesso de mercado da Volkswagen do Brasil, após o Fusca, a Kombi e o Brasília. Sucessora da Variant, "lavou a alma" das equipes de estilo e engenharia após o fracasso da excelente Variant II. Era a miniatura da Passat Variant, com o mesmo motor 1,5-litro. Do erro ao acerto: a Volkswagen final-

mente havia compreendido as preferências do mercado.

Carl Hahn saíra magoado do Grupo Volkswagen em 1973, por ter sido preterido por Tony Schmücker, indo presidir com sucesso a fábrica de pneus Continental, que lhe credenciou a voltar em 1982. Adorava o Brasil, aprovando os passos dessa filial, que voltara ao controle alemão.

Parati na Vila de Paraty: estilo da parte traseira se manteve até os anos 1990.

Brasil, país explorado por cleptocratas, mergulhava em longo desastre político-econômico. Terminava um período frutífero para a indústria brasileira em geral, e principalmente para a automobilística. O Brasil, governado pelo general João Baptista Figueiredo, submergiu, dependente dos humores das finanças no exterior. Decidiu por um novo calote de pagamentos aos compromissos internacionais. A consequência de tal situação econômica foi a hiperinflação, resultando na estagnação tecnológica.

Essa estagnação teve algumas vantagens, como o desenvolvimento de projetos antigos. Os modelos Galaxie, Fusca, Opala e Passat foram significativamente aprimorados em relação aos originais. A produção nacional, marcada por poucos modelos, setorizou-se nos mais simples. O sumiço dos modelos Dodge e Galaxie incrementou o fascínio do brasileiro por

Carl Horst Hanh.

Acima, à esquerda: detalhes do acabamento do Gol. Acima, à direita: excelente produto para exportação e orgulho brasileiro na língua falada pelo comprador argentino, peruano, colombiano, venezuelano e uruguaio. Ao lado: a italiana Fiat foi ágil, e logo lançou uma versão quatro-portas do Uno.

luxo, levando os planejadores a apelar para acessórios de preço ultrajante em carros pequenos e médios.

A crise de criatividade é uma das características marcantes da indústria automobilística no final do século XX, criando nichos de mercado. A tendência beneficiou o Fusquinha no ocaso: Super--Fuscão, Séries Prata, Love, Verde, Azul, Vermelho, Chave de Ouro e Ouro. O marketing aguardou dois anos para promover o Gol Copa, equipado com rodas de liga leve que lembravam as do Mercedes; pintura metálica azul-prata; vidros verdes; faróis auxiliares com função pre-

A evolução dos modelos

judicada pela localização, facilmente danificável por lascas de pavimento; volante de quatro raios, doado pelo Passat, que foi inspirado no Porsche; borrachão lateral, doado do Passat Surf 79; bancos Recaro, coqueluche da época; manopla para a alavanca de câmbio prateada: miniatura da bola padrão Fifa; tapetes e console especiais. O conjunto era generoso, mas o preço nem um pouco.

Em 1984, o lançamento do Fiat Uno apressou reforços na Volkswagen: motor Kraus-Hauck 1,6 MD 270 vindo do Passat/Voyage/Parati, logo substituído pelo AP 600, a versão nacional com novas dimensões de diâmetro e curso dos pistões,

A frente do modelo a ser introduzido em 1984 foi aprovada em 1980.

A área de design, nos anos 1980: mais atravancada e mais importante do que hoje.

81 x 77,4 mm em vez de 79,5 x 80 mm. O MD-270, chamado "motor batedor", era menos durável, fato sem importância na Alemanha, adepta da obsolescência planejada, mas comprometedor no Brasil da época. Foram lançadas as versões L e LS, com grade e faróis idênticos aos do Voyage-Parati; de qualidade notavelmente melhor do que toda a concorrência, a fábrica indicava velocidade máxima 22%

maior do que o arrefecido a ar, que prossegue à guisa de modelo básico, iniciando a tradição de manter grade e faróis antigos. A melhoria de utilização se dava no nível de ruído e na possibilidade de incrementos. Foi o maior tento da Volkswagen do Brasil desde o Fusca e a Kombi: alcançou a vice-liderança do mercado. O carro que deveria ser o substituto do Brasília revelou ser o substituto

A evolução dos modelos

A influência do Fiat Uno nos dois primeiros desenhos do BY é evidente.

do Fusca: para os compradores, "Golzinho"; para a fábrica, "Golzão".

O sucesso do Fiat Uno assustou Sauer, que solicitou projetos para combatê-lo.

Um deles foi o BY. O modelo adotou soluções de estilo na época já utilizadas por Anísio Campos no Gol especial para a Dacon, e que foram parcialmente apli-

Piancastelli, na época do Zé do Caixão, sugerira um pequeno Volkswagen, no estilo Mini. Precoce, foi reprovado por Leiding à primeira vista.

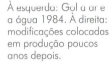

À esquerda: Gol a ar e a água 1984. À direita: modificações colocadas em produção poucos anos depois.

cadas no desenvolvimento da linha Gol. Mais independente do Grupo Volkswagen do que hoje, a Volkswagen do Brasil elaborava uma quantidade maior de projetos, que não eram aprovados em função das graves oscilações de mercado.

GOL GT

Participar de provas de alta velocidade era oficialmente proibido nos tempos de Nordhoff – "Quer um carro esporte? Procure a Porsche". Após seu falecimento, Ernst Fiala preparou o Volkswagen 1303 para rali, com suspensão dianteira McPherson. A entrada do arrefecimento líquido com o motor Kraus fabricado na NSU acionou vários esportivos – Scirocco, Passat TS, Corrado e o 924, campeão em vendas na Porsche – e mudou de vez a mentalidade do Grupo Volkswagen.

Origem do Gol GT foi o Fusquinha, carro para as mais difíceis corridas no mundo – East African Safári, Austrália, Carrera Panamericana: 1-2-3 na classe.

A evolução dos modelos

O Gol de alto desempenho era um teste para o mercado minguado. Vinha equipado com o motor AP 800S, 1,8 litro, antes exclusivo do Santana. Proposto em 1980 com a intenção de substituir o Passat TS, que comemorava dez anos, teve seu primeiro protótipo apresentado secretamente em 1983. Usando a plataforma BX, menos custosa, ajudava a economia de escala.

No Brasil, essa faixa elitizada, incluindo corredores, foi bem servida pelo Passat TS – mesmo sendo considerado muito grande. O Gol GT, de aparência mais arrojada, vinha plenamente equipado, com instrumentação graduada bem à frente do condutor; aerofólio e faróis auxiliares – finalmente colocados acima do para-choques. Mais ágil, era um demônio no tráfego – tradição perdida com

Protótipo do GTI, adesivos inspirados no Porsche, lanternas ampliadas.

Acima: painel de instrumentos mais completo de toda a linha Volkswagen. Abaixo: o modelo GTI definitivo.

mal administrado que sofria a praga da inflação. Foi símbolo da descrição triste de Sydney Latini – "da nacionalização ativa à globalização passiva" – e tinha comando de válvulas de Golf GTI, importado. Esse comando foi imposição de última hora do marketing como maneira de superar em potência o Escort XR3, de 96 cv, porém contra a vontade da engenharia, uma vez que, com o comando do GTI, o câmbio de quatro marchas era inadequado às características do motor. As tratativas com órgãos governamentais, num mercado de vale-tudo, foram: comando de válvulas alemão, 99 cv, 165 km/h, 0 a 100 km/h em 11 s, o que o tornava mais rápido que o Passat TS. Podia acompanhar um Porsche 356 SC – marca notável para nosso mercado. Compare-se isto com os 20 s necessários para um Fusca 1600.

a pouca atenção ao Fusca – e ganhou o coração do público jovem de idade e de espírito que compunha os 4% que dominavam mais de 40% do PIB em um país

O FIM DE UM MITO

BX, nome secreto, ficou como designação do Gol arrefecido a ar, modelo de entrada da linha. Foi disponibilizado apenas com acabamento simplificado, para frotistas, competindo com o Fusca. Autofagia?

A época em que o Fusca nasceu ficou conhecida como "anos loucos", pelas novidades na arte – dadaísmo, surrealismo, *jazz* – e pela situação político-econômica.

Um dos "imutáveis": Hindustan Ambassador, que começou na Inglaterra como Morris Oxford 1955 e dura até hoje na Índia.

A evolução dos modelos

Adesivos mais sutis, escapamento duplo, motor AP-1800 (alta performance).

A hiperinflação que afetava o país teve reflexo na indústria automobilística em 1987: o casamento de interesses da Ford com a Volkswagen, dentro do pretenso Mercado Comum do Cone Sul da América Latina. Como todo casamento por interesses, a coisa caminhou para o divórcio – resultando em vantagens para a Volkswagen e em desvantagens para a Ford.

O primeiro presidente da Autolatina, Wolfgang Sauer, adepto incondicional do Volkswagen pela sua função social, disse-nos: "foi o carro que motorizou enorme parcela da população brasileira e até mundial". Evocou a paixão que o carro exerceu, quase um tipo de "amigo", experiência compartilhada por quase todos os proprietários. Ele e sua família "aprenderam a dirigir no Volkswagen". Em 2012, na ocasião de seu 82º aniversário, presenteou os convidados com uma miniatura do carro em ouro. Vinte e seis anos antes, na qualidade de presidente, deixou de lado as emoções e cuidou da realidade financeira: o carrinho, vítima de suas

Mesma inspiração no maior competidor, Chevette SR; não era páreo em desempenho, qualidade geral e vendas.

Acima: gol GTI: pintura em *dégradé* azul-marinho, inspirada no Mako Shark de 1966. Acima, à direita: modelo especial de Bill Mitchel, que resultou no formidável Corvette 1968.

vantagens, estava "defasado em termos de construção, exigia material e mão de obra custosas". Combinando rejeição do mercado com decisões de planejamento, 223.000 novos donos em 1972, o melhor ano do Fusca, viraram menos de 30.000 em 1985. Sauer, estimulado pelo Grupo Volkswagen, mandou parar a produção. Hoje, mais à vontade para expressar opiniões pessoais, defende o motor arrefecido

GT normal, sem injeção de combustível, prossegue à venda.

A evolução dos modelos

a ar: "Como engenharia, o ar vai bem em caminhões e ônibus". O engenheiro Sérgio Couto, profundo conhecedor após mais de três décadas de serviço dedicado à Volkswagen, concorda com Wolfgang Sauer. Ambos consideram que "não há clima econômico, pela escala de riscos para justificar o investimento".

Apesar das inúmeras previsões de morte do Volkswagen, nunca houve produto automobilístico que tenha durado tanto tempo, em tantos lugares: 22 milhões em sessenta anos. Outros modelos imutáveis, como o Fiat Uno – 9 milhões em 33 anos – ou o Hindustan Ambassador, nunca se igualaram.

Muitos sentem que a extinção do Fusca foi precoce, mesmo 67 anos depois de sua introdução. As duas denominações usadas para seu encerramento foram *Última Série* ou *Chave de Ouro*. Foram enviados oitocentos exemplares numerados a cada um dos concessionários e entraram na bolha de consumo baseada em nostalgia, sob a crença de estarem fazendo um bom negócio. Foi o Fusca mais caprichado feito no Brasil, com cores metálicas azul-cinza, verde e vermelho, faróis auxiliares de longo alcance, vidros esverdeados, janelas traseiras basculantes, carpetes de lã, e movidos a gasolina ou a álcool. Beneficiavam-se de desenvolvi-

_____ Clássicos do Brasil

Gol GTI 1989.

Na página ao lado: Parati GLS de 1991, exibindo frente atualizada (acima). Gol GL de 1991 (no meio). GOL CL, o modelo mais simples, herdeiro do L e do S (abaixo).

mentos do Gol – o doador virou receptor. Excelentes para rodar, foram condenados a ficar parados depois de 3.321.251 (talvez 3.236.635) unidades brasileiras. Seu aparente fim, turbinado com o comportamento dos derivados movidos a água do Gol, provocou o aparecimento de um Gol BX *muito* simplificado como forma de substituir o Fusca. Como série especial, foi disponibilizado o Gol Plus. Sauer, o presidente mais longevo na Volkswagen do Brasil, cedeu lugar a Noel Phillips, inglês e ex-diretor da Volkswagen of America, que teve o bom senso de manter os empregados experientes em sua gestão no Brasil.

MUDANÇAS POR DENTRO E POR FORA

O Gol sofreu sua segunda remodelagem em 1987 e recebeu para-choques envolventes, capô e grades simplificados, lanternas traseiras maiores, hatch mais harmônico. O antigo S foi substituído por C e CL, e o LS tornou-se GL. O GTS foi disponibilizado apenas a álcool, com 105 cv, apresentado como 99 cv para efeitos fiscais.

Em 1988, a Volkswagen apresentava-se como líder incontestável de vendas, com 103.583 unidades do Gol. A Volkswagen planejava atingir a marca das 100.000 unidades vendidas em 1983. Os modelos desse ano apresentavam painel de instrumentos redesenhado por Giugiaro, idêntico ao modelo exportação, e banco traseiro bipartido no GL e no GTS, simplificado no Gol C e CL, idêntico ao Santana CL.

Em 1989, ao Gol GT 1,8, acrescentou-se o GTI – primeiro sistema de injeção eletrônica na indústria nacional. Os processos mecânicos para injeção de combustível, usados em motores diesel, existiam desde 1930. Com a invenção do transistor, circuitos impressos e chips, a Bosch introduziu um sistema viável para a produção em grande escala e fez o carbu-

A evolução dos modelos

rador virar peça de museu. Era necessário renovar o Golzinho; e pela primeira vez a Volkswagen usou pesquisa prévia entre os eventuais compradores, pioneiramente adotada pela Ford em 1958. O usuário, cansado da aparência externa, temia mudanças que implicassem menor confiabilidade. A série Especial do ano foi a Star, um GTS mais simples.

A estreia dos motores AP 1800 (1,8 litro) e AE (alta economia) 1600 se deu em 1990. A Autolatina insistia na motorização Ford, originada no versátil Renault de quatro cilindros em linha, comando de válvulas no bloco, camisas removíveis, bloco que permitia cilindradas variáveis de 0,95 até 1,6 litro, com cinco mancais. Fragilizado por ter comando no bloco e válvulas acionadas por varetas e balancins, ficara de rescaldo na compra da Willys. Reelaborado em 1967 com maior qualidade pela Ford, foi aproveitado em carros pequenos e médios de excelente acabamento – Escort, Del Rey e Corcel.

O Gol sofreu sua terceira transformação em 1991 e recebeu faróis e grades mais alongados e estreitos, lanternas traseiras mais amplas, idênticas às da linha Audi; capô e para-lamas levemente arredondados e para-brisa laminado. "O carro mais lembrado pelo consumidor brasileiro", segundo a primeira edição da pesquisa "Top of Mind" do Datafolha.

Clássicos do Brasil

Gol GTS 1992: não havia competidor que se igualasse.

Gol Copa: série especial... agora tradicional.

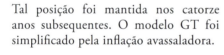

Tal posição foi mantida nos catorze anos subsequentes. O modelo GT foi simplificado pela inflação avassaladora.

Em Mlada Boleslava, na República Checa, Guenter Hix, ex-coordenador geral do Projeto BX, tem contato com a Skoda em 1992. Quatro anos depois do fim da URSS, Hix iniciou seu trabalho no desenvolvimento do Skoda Favorit e do Octavia, derivados dos Audi A3/A4, até 1996. Os modelos conquistaram merecidamente espaço no mercado europeu.

Nesse ano a eletrônica também foi infiltrada na carburação, com o desenvolvimento do motor AP 800. Também houve a despedida de Márcio Piancastelli de uma carreira única na época áurea da Volkswagen do Brasil: 1970-TL; 1972- -SP2; 1973-Brasília; 1977-Variant II; 1980-Gol; 1981-Voyage; 1982-Saveiro-

A evolução dos modelos

-Parati; 1990-Santana/Versailles; desde 1986, tendo sido responsável por acabamentos internos.

Em 1993, o misto entre decisões sintonizadas com necessidades do mercado e a manutenção da qualidade resultou na comercialização de 184.510 unidades do Gol.

A Autolatina enfrentava uma integração mal conduzida: a prevalência da burocracia e da política prejudicou a manutenção de pessoas com maior talento técnico. O apelo excessivo ao badge engineering (prática, na indústria, de produzir modelos iguais com emblemas diferentes) em modelos baseados na arquitetura mecânica do Ford Escort resultaram em belas linhas e mediocridade de vendas. Seria engraçado se não fosse trágico: trinta anos depois, o Verona e o Apollo sumiram das ruas; o Gol, o Parati e o Saveiro continuam circulando, bem de saúde – como José Sarney e Fernando Collor de Mello: artífices hiperinflados de miséria econômica. Com a deposição de Collor, pseudopresidente inventado para prosseguir a obra de José Sarney, assumiu o então vice-presidente Itamar Augusto Cautiero Franco, real admirador e usuário do Fusca.

Pierre-Alain De Smedt, belga, presidente da Autolatina, assinou protocolo de intenções prevendo isenção fiscal para fabricação de carros populares após negociações com o então presidente Itamar Franco. O acontecimento foi um precioso

Gol 1000 1992.

impulso à retomada de investimentos da indústria automobilística, destituída de rumos, caminhando resolutamente para a obsolescência. Itamar ficou errando com os prosaicos ministros da Fazenda até escolher Fernando Henrique Cardoso, que possuía a competência necessária para criar equipes eficientes, para o posto de ministro do Exterior. Impressionável,

Gol 1000 1993.

Gol 1000: motor herdado do Renault R-8/R-10/R-12; na foto, o modelo Gordini feito na França, de 1961.

logo achou que Fernando Henrique Cardoso poderia ser seu enésimo ministro da Fazenda. Itamar, entrando pela porta dos fundos com um mandato-tampão, teve ato de verdadeiro estadista, o que o permitiu sair pela porta da frente. Ainda não obteve devido respeito pelas aquisições que nos legou, embora tenha tido popularidade dentro do meio estudantil e em sua cidade, Juiz de Fora.

O primeiro presidente da Volkswagen, agora uma divisão da Autolatina, foi Miguel Barone, nascido no Brasil – um dos mais benquistos pelos empregados e pela mídia, que solicitaram a volta do Gol arrefecido a ar, pois Barone revelara publicamente seu júbilo com o Fusca ressuscitado. O "Itamar", fabricado num cantinho dentro da fábrica, durou apenas três anos, conforme planejado. A manutenção do arrefecimento a ar na Kombi não resultou na sua volta para a linha BX. De Smedt aproveitou o estímulo do presidente Itamar e lançou o Escort Hobby 1,6, logo sucedendo a mesma versão de 1 litro. Surgiu assim o Gol 1000: um Volkswagen, com motor Ford, ex-Renault.

Esses designers, engenheiros e administradores, ao criar o Gol, completaram algo único, iniciado pela Willys-Overland: tanto o estilo quanto a engenharia do veículo foram feitos por brasileiros. Cláudio Menta esclarece: "era uma multinacional diferente, mais independente do que as outras". Eles sabiam ousar: deu Gol.

GERAÇÃO II, O "BOLINHA"

Foram investidos 400 milhões de dólares em cinco anos para desenvolver uma carroceria mais adequada à moda, de aparência cativante e arredondada, o que resultou no projeto AB9, mais ligado à matriz. Em 1994, o carro sai com apelido carinhoso da fábrica: o Gol Bolinha tinha maior uso de materiais recicláveis, antipoluentes, mais espaço e materiais fonoabsorventes, estabilidade em alta velocidade, e menos movimentos parasitas. O modelo GT, por sua vez, foi equipado com direção assistida hidráulica. A publicidade apregoava: "O novo Gol é Gol de novo".

1994 Gol geração II.

1994 Gol geração II.

Não era enganosa, nem apenas esperançosa. As mudanças foram feitas apenas na aparência. O carro vinha com motores 1; 1,6; 1,8 e 2-litros. O modelo de entrada e o Gol "Quadrado", com 1 litro.

O ano de 1994 marcava também o fim da Autolatina, o malfadado casamento que durou só sete anos. Volkswagen e Ford voltavam a ser independentes e as novas empresas foram organizadas como sociedades de responsabilidade limitada (Ltda.), deixando de ser sociedades anônimas (S.A.).

Tanto a globalização quanto a banalização cobram preços sociais: no microcosmo da Volkswagen do Brasil, houve

Frente do Gol GTI 16 válvulas: normal. Dez anos antes no exterior: aumento de potência sem aumentos de cilindrada por melhor eficiência volumétrica.

reverberações do processo judicial movido pela General Motors Corporation contra o Grupo Volkswagen, acusada de espionagem industrial, tendo como foco o executivo de compras mundial, o espanhol José Ignacio López de Arriortúa, que teria deixado Detroit e rumado para Wolfsburg com informações confidenciais da fabricante americana. O resultado dessa contenda foi a substituição traumática na diretoria.

Definitivamente estabilizado como um carro de jovens, o Gol teve uma série especial em 1995 cujo nome pareceu menos arriscado do que gravar a imagem da Copa Mundial de Futebol.

Gol Rolling Stones, de 1995.

Estimando audiências de várias centenas de milhões de pessoas na primeira temporada brasileira de Mick Jagger e seu grupo musical, o marketing conseguiu que 12.000 comprassem o Gol Rolling Stones, modelo equipado com o motor 2-litros do GTI, de dezesseis válvulas e 145 cv, um "foguete".

Com a realização dos Jogos Olímpicos de Atlanta, nos EUA, em 1996, foi lançado o Gol Atlanta; um Gol 1000 com injeção de combustível.

A linha mais simplificada, Gol 1000i, tinha para-choques escuros.

A evolução dos modelos

Em 1997, as novidades ficaram por conta da injeção multiponto; além do TSI de 2 litros, 111 cv; GL com 1,6 e 1,8 litro. Sobras de estoque do AE 1000 ex-Renault produziram poucos Gol Bolinhas com esse motor.

Foi somente em 1998 que a Volkswagen do Brasil rendeu-se à tendência do mercado brasileiro, bem aproveitada pela concorrência, que diminuía a diferença em qualidade, e lançou o Gol com quatro portas.

Também disponibilizou GTI com airbag; computador de bordo no GL 1,8 Mi; e Gol Special 1,0, apenas com duas portas. O ano também foi marcado pelo final da utilização do motor ex-Renault no Gol 1000, que passava a utilizar o novo EA-111 produzido na nova fábrica de motores da Volkswagen em São Carlos, no interior de São Paulo.

Quatro portas e para--choque pintado na cor do carro; o desempenho era enfraquecido pela sofrível retomada de velocidade.

GERAÇÃO III

Uma atualização na dianteira e acabamento apareceu em 1999; Gol Geração III.

Em 1999, mudanças estéticas foram feitas na grade, aumentou-se a porcentagem de chapas zincadas, ampliando a garantia contra corrosão para cinco anos, e dedicou-se mais atenção ao conforto interno: bancos com ajuste de altura. Tais

A evolução dos modelos

mudanças mereciam o nome Geração III? Lançada em maio, acompanhou soluções do Grupo Volkswagen de cinco anos antes.

Herbert Demel, bem-sucedido na Audi, em 1992 foi indicado por Piëch para presidente da Volkswagen do Brasil, onde fez administração controversa: adquiria-se o 1,0 litro mais equipado do que um 1,8. Talvez sua maior contribuição tenha sido a nova fábrica em São

Carlos – famosa por sua universidade – para motores 1000. Demel despediu-se "amigavelmente" em 2002 do Grupo Volkswagen, ao obter um posto na Fiat canadense.

Em 2000 foi lançado o primeiro motor turbo 1-litro no Brasil, com duplo comando e dezesseis válvulas, 112 cv e 194 km/h de velocidade máxima. E o Série Ouro de 1 litro, com dezesseis válvulas, alegoria às Olimpíadas de Sydney.

Em 2001, o nome Gol superou o Fusca em volume de vendas: 3,3 milhões de unidades. Comparação descabida? O Fusca manteve a mesma aparência por trinta anos, com apenas uma alteração básica, em um mercado incomparavel-

Extração máxima em recursos mínimos: turbocompressor em motores de um litro: alegria para os jovens de espírito em nova época de crise econômica externa.

Aparência externa do Total Flex.

Novo concorrente feito no Rio Grande do Sul: Chevrolet Celta.

mente menor. O Gol em 21 anos precisou de duas alterações e enfrentou competição mais acirrada. A mistura entre crise econômica mundial e globalização comercial e linguística resultaram em uma avalanche de séries especiais com nome inglês: Fun (divertido), Parati Surf (ecoando o Passat 1979) e Highway, com motor de dezesseis válvulas.

Em 2002, o Gol vinha equipado com lanternas traseiras sinuosas, motorização 1-litro com dezesseis válvulas, acionadas com alavancas roletadas, 10% mais potente. Foram disponibilizadas as versões: Plus; 1,0 de dezesseis válvulas Turbo Sportline; 1,6 e 1,8 Comfortline; 2,0 Sportline,

A evolução dos modelos

2003: 4 milhões de Gol produzidos.

Trend e Power. Como série especial, tivemos o Sport Copa do Mundo.

Oferecer modelos quase iguais em diversas faixas de preço – Gol, Polo (2002), Fox (2003) e séries especiais – parecia autofagia. Em 2003, foram lançadas as séries Highway II e Power – esta última, mais bem-sucedida, virou série normal. Estabeleceu recordes mundiais em provas extensas homologadas pela FIA – 5.000 km, 10.000 km e 25.000 km. Nesse ano foi produzido o 4.000.000º Gol: o equivalente à frota de veículos na cidade de São Paulo.

Graças à Magneti Marelli, o Gol foi pioneiro no motor flexível em combustível: 1,6 Total Flex.

O carro mais exportado do Brasil em 2004 foi o Gol: 500.000 unidades, para cinquenta países. Em pleno governo Lula, fomos vistos como neoimperialistas pelos donos do poder na Bolívia e Argentina: acusações, encampações, retaliações comerciais idênticas às que nos anos 1960 eram infringidas aos EUA. De modo notável, não se incluiu produtos da Volkswagen do Brasil nesse balaio. O modelo de entrada chamava-se City.

Também foi lançado o modelo Rallye, com suspensão elevada e estilo fora de estrada devido a apliques e adereços. Foram abandonadas as versões mais potentes e luxuosas: rendimento do 1,6 se aproximava do 2,0 GTI.

GERAÇÃO 4

Em 2005, a Volkswagen completou 25 anos de história, com 4,5 milhões de unidades de Gol vendidas, e dezenove anos consecutivos na liderança absoluta de vendas no país, o que motivou outra mudança estética. A alteração foi usada como justificativa para o nome Geração 4 (grafia em números arábicos).

Gol Geração 4 – agora em números arábicos.

A evolução dos modelos

Falar em gerações III e 4 é um exagero da Volkswagen do Brasil, que criou as denominações como estratégia de marketing para descrever duas atualizações do Gol Bolinha. Nova geração mesmo, só em 2008. Em uma tentativa de voltar às origens, a nova leva contou com homenagens ao notável acerto estilístico do Gol quadrado. Nesses modelos houve a simplificação na grade e complicação nas lanternas traseiras.

Em 2007, foram lançadas três versões básicas, nas quais os motores flexíveis em combustível – que aceitavam gasolina e álcool, puros ou misturados em qualquer proporção – só tinham oito válvulas. Com a nova tecnologia havia o City (1,0 e 1,6), o Plus (1,0), o Power (1,6 e 1,8). O 1-litro era o EA-111 de 65/68 cv (gasolina/álcool), enquanto o 1,6 e 1,8 litro eram o EA 827 de 97/99 cv e 103/106 cv, respectivamente. O novo competidor nesse ano era o sedã Chevrolet Prisma.

93

Gol Power: ainda o melhor que um dinheiro mais valorizado poderia comprar dentro do Brasil, em sua classe de mercado.

NOVO GOL

Aqueles que sabiam ousar foram sucedidos por equipes adaptadas aos novos e mais perigosos tempos. Uma piscada, e um gigante está acabado; tempos em que as "bolhas" valem mais do que as indústrias. Luiz Alberto Veiga trabalha no departamento de desenho avançado para países emergentes do Grupo Volkswagen, na cidade histórica de Potsdam. Em relação a seus predecessores, conta com maior facilidade de design por meio de computadores e acesso a decisões, consequência da globalização do conhecimento e do comércio. Mas tem que se defrontar com acirramento da concorrência, do igual, do banal, com menor espaço para criatividade. Os dragões coreanos e chineses já estão fumegando, acionados pela diáspora global de engenheiros, administradores e estilistas – inclusive alemães – antes trabalhando para o Grupo Volkswagen. Ou seja, há incremento de desafios conhecidos em escala desconhecida.

Em 2008, uma genuína terceira geração, sucessora do Bolinha, aliviou revendas acossadas por ágeis fabricantes multimodelos – General Motors, Fiat, Renault-Nissan, Peugeot-Citroën e também Honda. Afinal, a Volkswagen do Brasil não estava dormindo – desde 2005 foram feitos 2 milhões de quilômetros em testes de durabilidade e qualidade, enfrentando diferenciais de temperatura no deserto africano (até 51 °C) e no Ártico (-28 °C), além de câmaras climáticas que atingiam -40 °C; 1,2 bilhão de reais em pesquisa e desenvolvimento, simulação virtual, ensaios destrutivos, testes de durabilidade, renovação no maquinário e nos sistemas de produção nas fábricas de Taubaté e São Bernardo do Campo: cerca de quinhentos robôs e diversos equipamentos patenteados, clones dos usados por todas as empresas do Grupo Volkswagen: Audi, Volkswagen, Skoda, Seat e Porsche.

Motor EA-111 VHT de 1,0 e 1,6 l., que já equipava o Polo e o Fox.

A evolução dos modelos

Segundo o marketing dirigido por Hernander Zola, "o Novo Gol é um carro completamente novo". Por via das dúvidas, reconheceu-se que vivemos uma época de pouca criatividade, procurando modelos no passado; aproveitou-se a moda nostálgica honrando o design do Gol quadrado: harmonia esportiva na lateral, lanternas traseiras esquadriadas "que marcaram o início da convivência do carro mais querido dos brasileiros com o seu público fiel". A nova plataforma foi necessária para atender as recomendações de seis clínicas de marketing, realizadas durante um ano e meio. A prática já havia sido utilizada pela Volkswagen do Brasil, mas não nessa profundidade, para fazer um páreo, não mais invencível, cabeça a cabeça, contra a concorrência.

A concepção de Veiga para o Gol.

No ano de 2008, também foram lançadas as séries especiais Vintage – pelos trinta anos do carro – e Rock in Rio. Os modelos Fusca, Gol e Golf são os vencedores incontestes de dúbio prêmio: são os modelos mais roubados do Brasil. Em 2008, finalmente alguém sensível à infelicidade dos donos equipou os modelos com fechaduras encapsuladas e protegidas nas portas. Diminuirão custos de seguro contra ladrões? Três anos de mercado – o verdadeiro teste – confirmaram reportagens em periódicos especializados: robustez, segurança, confiabilidade, rapidez, custo de manutenção e de reparo mais baixos, apesar do preço inicial mais alto. Um verdadeiro Volkswagen? Sem dúvida, no exterior: em 2010, 800.000 unidades exportadas. Até 2012, o nome Gol ornamentou 7 milhões de unidades; o logotipo Volkswagen feito no Brasil, 20 milhões.

O desenhista Luiz Alberto Veiga e um de seus pupilos, o Fox.

"Gol de novo"? Expectativa otimista, confirmada pelo tempo. Em 2009, câmbio robotizado, sistema Magneti Marelli.

CAPÍTULO 3

CURIOSIDADES

ORIGEM DO NOME

O engenheiro Cláudio Menta comentou certa vez que "a atribuição de um nome a um veículo que vai ser lançado gera grandes discussões no âmbito da alta administração. Mas boas ideias podem vir de outros lugares: a questão é não ficar fechado a elas".

O nome do veículo objeto deste livro surgiu durante um almoço corporativo que reuniu dirigentes, concessionários e membros da imprensa especializada para ver o primeiro *face lift* do Passat fabricado no Brasil, com ares luxuosos idênticos aos do Audi. "Um dos presentes, que nem fazia parte da equipe Volkswagen do Brasil, disse casualmente que sabia do desenvolvimento de novo produto e perguntou porque não o chamávamos de Gol? O senhor Philipp Schmidt encampou imediatamente a ideia. Apesar de muita resistência inicial de outros membros da diretoria da Volkswagen do Brasil, acabou vendendo para a diretoria o nome, que tornou-se o sucesso de hoje", lembra Menta.

A resistência, na verdade, foi mais séria do que o relato acima transmite. O autor da ideia não era publicitário e não cobrou nada por ela: foi o tarimbado e competentíssimo "descobridor de segredos das fábricas" Nehemias Vassão, habilidoso jornalista investigativo da revista *Quatro Rodas*.

A semelhança com o nome Golf não passou despercebida para Philipp Schmidt, que participara do projeto do carro que cumpriu a função de substituir o Fusca no resto do mundo. A influência de Schmidt, amante do Brasil, contribuiu em grande parte para o BX conseguir um nome de insuperável apelo popular.

Outra curiosidade acerca de nomes é a que envolve o modelo "Zé do Caixão". Esse era o nome artístico de José Mojica Martins, ator e autor de programas de televisão no gênero de terror cômico. Foi um apelido pejorativo do estilo do principal produto da Volkswagen em 1968, em que as quatro maçanetas das portas remetiam a um caixão. Conseguiu vendagem enquanto novidade em um mercado sedento por elas. Repetiu carreira um tanto infeliz do Tipo 3, a linha 1500/1600-Variant-TL – pelo menos para os padrões da Volkswagen: "apenas"

Curiosidades

2 milhões de unidades, em treze anos. Foi muito procurado para táxi, no Rio de Janeiro, quando não era mais feito, pelo baixo preço, pela resistência e pelas quatro portas; era a época do Táxi Mirim, o Fusca sem banco de passageiro dianteiro.

BRASÃO

O Gol usou o mesmo volante de direção dos modelos alemães de preço inferior, com o brasão de Wolfsburg em extrusão sobre o acionador de buzina no volante de direção. Substituiu o de São Bernardo do Campo, antes orgulhosamente feito em prateado sob tampa transparente. Ninguém sequer aventou a possibilidade de usar o brasão de Taubaté, sob a justificativa da economia – a ferramentaria era importada.

À esquerda: maçaneta da alavanca de câmbio imitando bola de futebol oficial da FIFA – oferta comum no mercado de acessórios. À direita: painel mais completo; volante idêntico ao do Passat.

GOL A AR

Verdadeiro *sleeper* – como o Porsche e o Karmann-Ghia, até 1980-1990, entre outros. Foi o único Volkswagen arrefecido a ar produzido em grande série com motor dianteiro no mundo – seus concorrentes históricos, a caminhonete Tempo Matador, feita pela Vidal & Sohn de Hamburgo em 1949-1952, e o EA 489 Basistransporter, um chassi CKD do grupo Volkswagen em 1975-1978, com menos de 5.000 unidades, não se qualificaram. Já é admirado nos EUA, na Europa e no Japão.

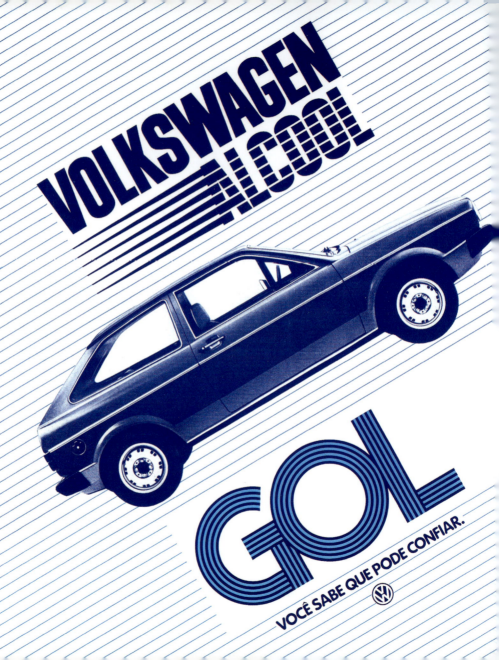

CAPÍTULO 4

DADOS TÉCNICOS

FICHA TÉCNICA

Motorização

TIPO	ANO	VARIAÇÕES	CILINDRADA (l.)	POTÊNCIA CV-ABNT	PROJETO	MEDIDAS EM MM (entre-eixos, comprimento, largura, altura)	DESEMPENHO Veloc. Máx. 0-100 km/h consumo km/litro
Boxer – arref. a ar	1980		1,3	42	Reimspiess-Porsche	2.356-3.790-1.601-1.375	132-222,2-8
	1981-86	2 carburadores	1,6	51			147-17-8,9
MD-270	1982-84	Voyage-Parati	1,5	78	Kraus-Hauck		
			1,6	81			
EA-827	1984	Biela longa	1,6	75-99	Kraus-Hauck		162-14-8,8
	1985	—	1,8	91-106			
		GT	2	112-125			
	1995	GTI 16 válvulas	2	145-153			
AE-1000	1987	CHT	1	52	Picard-Renault		
AE-1600	1987	CHT	1	82			
AT-1000	1995	—	1	57	Kraus-Hauck	2.470-3.800-1.590-1.500	
	2000	16 v.	1	69			203-10,21-9
EA-111	2001	FTurbo - 16 v.	1	112			
	2002	Flex VHT	1	72-76			
		Flex VHT	1,6	99-104			152-12,2-9,5
	2003	Flex	1	65-72		2.460-3.910-1.620-1.410	
		16 v.	1	76			

Dados técnicos

Produção do Gol até 1992

Anos	1980	1981	1982	1983	1984	1985	1986	1987	1988	1989	1990	1991	1992
Álcool		8.637	24.251	66.061	51.939	63.138	62.830	55.565	90.724	62.119	12.953	30.959	85.196
Gasolina	11.065	8.637	32.511	4.894	2.975	2.867	5.432	5.057	9.552	41.837	88.290	85.196	85.196
CKD				96	720	600	1.536	1.992	1.032	672	552	984	77
Furgão		394	455	245	209	478	201	93	202	2.078	2.644	2.031	2.329
Total	11.065	17.274	56.762	71.006	55.634	66.605	669.798	62.614	101.308	104.628	101.795	117.139	134.614

FONTES DE CONSULTA

Entrevistas com Cláudio Menta, FD Plaumer, Wolfgang Sauer e Axel Schultz-Wenk, realizadas entre 2008 e 2011.

CAMPOS, R. O. *A lanterna de popa*. Rio de Janeiro: Topbooks, 1994.

D'ARAUJO, M. C.; CASTRO, C. (org.) *Ernesto Geisel*. Rio de Janeiro: FGV, 1983.

ETZOLD, H. R. *The Beetle. The Chronicles of the People's Car*. Somerset: Haynes, 1990.

GASPARI, E. *As ilusões armadas* (2 vols.); *O sacerdorte e o feiticeiro* (2 vols.). São Paulo: Companhia das Letras, 2003-4.

HAHN, C. H. *Meine Jahre mit VW*. Munique: Signum, 2007.

LAFER, C.; Cardim, C. H. *Horácio Lafer: democracia, desenvolvimento e política externa*. Brasília: Fund. Alexandre de Gusmão, 2002.

LATINI, S. *A implantação da indústria automobilística no Brasil*. São Paulo: Alaúde, 2007.

MOMMSEN, H.; GRIEGER, M. *Das Volkswagenwerk und seine Arbeiter im Dritten Reich*. Düsseldorf: ECON, 1999.

SANDLER, P. C. Os Clássicos Brasileiros. *Oficina Mecânica*: 3, 29: 49, 1989.

   DKW: a grande história da pequena maravilha. São Paulo: Alaúde, 2006.

   Karmann-Ghia: o estilo que virou história. São Paulo: Alaúde: 2010.

   Fusca. Série Clássicos do Brasil. São Paulo: Alaúde, 2011.

   Porsche: o carro, o homem, o mito. São Paulo: Alaúde, 2011.

   Simca. Série Clássicos do Brasil. São Paulo: Alaúde, 2011.

SILVA, H. *1964: Golpe ou contragolpe?* Rio de Janeiro: Civilização Brasileira, 1975.

CRÉDITO DAS IMAGENS

Abreviações: a = acima; b = embaixo; c = no centro; d = à direita; e = à esquerda.
Na falta de especificações, todas as fotos da página vieram da mesma fonte.

Páginas 4-5, 7, 8, 15a, 17, 18b, 25, 26a, 36, 37, 39c, 40a, 41be, 42, 43, 44-45, 46, 47, 48, 49a, 50a, 54-55, 58a, 58c, 59a, 66a, 66c, 64ad, 67ad, 67ae, 68b, 69, 71a, 71c, 72, 73, 74-75, 77, 78, 79, 80, 81, 82, 83, 84, 84-85, 86a, 87, 88-89, 90, 91, 92-93, 94, 95, 96-97, 98-99, 102-103: Volkswagen do Brasil

Páginas 6, 11b, 12, 13a, 14, 19bd, 20, 21b, 22, 33be, 34ad, 34ae, 34c, 34bd, 35, 57a, 58b, 61, 62, 63, 65: Márcio Piancastelli

Páginas 9, 11a, 21a, 23a, 24b, 28a, 29a, 29bd, 33a, 33bd, 49b, 52, 53, 56, 57b, 60ad, 60ae, 66b, 68ae, 70, 71b, 76, 101: Arquivo do autor

Páginas 10, 15b: Família Friedrich Schultz-Wenk

Páginas 13b, 16a, 18ae, 19be, 27c, 27be, 28b, 30b, 31, 32, 34be, 38bd, 38be, 64bd, 64be: Volkswagen Automobile Group – Wolfsburg

Páginas 15c, 39d: Família Harald Gessner

Páginas 16b, 16c, 30a: Audi – Ingolstadt

Páginas 18ad, 27bd, 38a, 39e: Porsche – Stuttgart

Página 19a: José Rogério de Simone e Paulo Cesar Sandler

Páginas 23b, 26b, 41a, 41bd: Frank Dieter Pfaumer

Página 24a: José Rogério de Simone

Página 29be: Karmann – Osnabrück

Páginas 40b, 50b: Cláudio Menta

Página 50c: José Luiz Vieira

Página 59b: Carl Horst Hahn

Página 60b: Fiat do Brasil

Página 64ae: Revista *Quatro Rodas*, Editora Abril

Páginas 67b, 68ad, 86b: General Motors

Conheça os outros títulos da série:

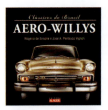   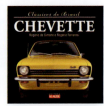

   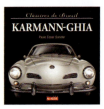
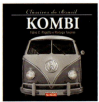 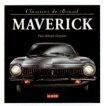 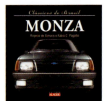 
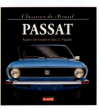